MARCO  POLO

LIGURIEN
ITALIENISCHE RIVIERA, CINQUE TERRE

Reisen mit **Insider Tipps**

> Der Duft nach Meer und Pinien
> kündigt eine andere Welt an, voller
> Zauber dank einer atemraubend
> schönen Natur zwischen Meer und
> Bergen.
> *MARCO POLO Autorin*
> *Bettina Dürr*
> (siehe S. 135)

D1721980

Spezielle News, Lesermeinungen und Angebote zu Ligurien:
www.marcopolo.de/ligurien

LIGURIEN

> SYMBOLE

Insider Tipp **MARCO POLO INSIDER-TIPPS**
Von unserer Autorin für Sie entdeckt

★ **MARCO POLO HIGHLIGHTS**
Alles, was Sie in Ligurien kennen sollten

SCHÖNE AUSSICHT

WLAN-HOTSPOT

▶▶ **HIER TRIFFT SICH DIE SZENE**

> PREISKATEGORIEN

HOTELS

€€€ ab 150 Euro
€€ 100–150 Euro
€ bis 100 Euro
Preise für ein DZ ohne Frühstück. In der Hochsaison vermieten viele Hotels nur mit Halbpension

RESTAURANTS

€€€ ab 16/12 Euro
€€ 10–16/8–12 Euro
€ bis 10/8 Euro
Preise für ein Hauptgericht *(secondo)* bzw. für ein Nudel- oder Reisgericht *(primo)* ohne Beilagen *(contorni)*

> KARTEN

[120 A1] Seitenzahlen und Koordinaten für den Reiseatlas Ligurien
[U A1] Koordinaten für die Karte Genua im hinteren Umschlag
[0] außerhalb des Kartenausschnitts

Zu Ihrer Orientierung sind auch die Orte mit Koordinaten versehen, die nicht im Reiseatlas eingetragen sind

INHALT

> SZENE

S. 12–15: Trends, Entde-
ckungen, Hotspots! Was
wann wo in Ligurien los
ist, verrät die MARCO
POLO Szeneautorin vor
Ort

> 24 STUNDEN

S. 98/99: Action pur und
einmalige Erlebnisse in
24 Stunden! MARCO POLO
hat für Sie einen außer-
gewöhnlichen Tag in
Genua zusammengestellt

> LOW BUDGET

Viel erleben für wenig Geld!
Wo Sie zu kleinen Preisen
etwas Besonderes genießen
und tolle Schnäppchen
machen können:

Ligurisches Streetfood:
focaccia und *farinata* –
billig und lecker S. 39 |
Die kostenlosen Badestellen
an der Levante S. 60 | So
billig wie U-Bahn-Fahren:
Bahnpendeln zwischen den
Cinque-Terre-Dörfern S. 76 |
Für 70 Cent von Genua dem
Himmel entgegen S. 89

> GUT ZU WISSEN

Was war wann? S. 10 |
Wanderroute „Alta Via"
S. 18 | Beppe Grillo S. 20 |
Spezialitäten S. 26 | Blogs
& Podcasts S. 47 | Das große
Brutzeln S. 54 | Cinque-
Terre-Card S. 79 | Bücher
& Filme S. 81

AUF DEM TITEL
Riviera: Ablegen zum
Whalewatching S. 106
Kunsthandwerk und
Galerien S. 14

ENTDECKEN SIE LIGURIEN!

Unsere Top 15 führen Sie an die traumhaftesten Orte und
zu den spannendsten Sehenswürdigkeiten

Die Highlights sind in der Karte auf dem hinteren Umschlag eingetragen

 Palio del Golfo
Eher noch als der Wettkampf auf dem
Meer reizt in La Spezia die fieberhafte
Feststimmung der Einheimischen
(Seite 23)

 Noli
Hier zeigt sich die Riviera besonders
gut erhalten von ihrer mittelalterlichen
Seite (Seite 39)

 San Remo
Das alte Flair der Rivierasommerfrische
mischt sich mit neuem Rummel
(Seite 42)

 Giardini Botanici Hanbury
Das Rivieraklima machts möglich:
die an Pflanzenvielfalt reichste
Gartenanlage Norditaliens (Seite 49)

 Camogli
Hier zeigt Ligurien besonders schön die
Farbenpracht seiner Häuserfassaden
(Seite 52)

 Baia del Silenzio
Ein Traum von Strand: die von pastellen
leuchtenden Häusern bekränzte Bucht
der Stille in Sestri Levante (Seite 59)

 Stelen aus der Lunigiana
Geheimnisvolle Figuren aus Stein,
stumme Zeugen eines uralten Kults,
im Museo Civico Archeologico in La
Spezia (Seite 62)

 San Fruttuoso
Ein Muss: der Ausflug zu Fuß oder
per Schiff zu dieser eindrucksvollen
romanischen Abtei (Seite 71)

> DIE BESTEN MARCO POLO HIGHLIGHTS

WAS FÜR EINE REGION!

Vernazza`in den Cinque Terre

> An der Riviera begegnen Sie dem Mediterranen in seiner idyllischen Form, ein Wechselspiel aus Sonnenlicht, duftender Vegetation, zauberhaften Buchten, verwegenen Klippen vor einer Bergwelt voller Wälder, Schluchten, Bergdörfer. Die vertikal aufsteigende Hafenstadt Genua ist eine echte Entdeckung, das glitzernde Licht auf den grauen Dächern, darunter ein lebendiges Labyrinth. Nur wenige Kilometer weiter sitzt man auf einem Strandmäuerchen vor einem der hübschen bunten Badestädtchen, in der Hand eine frische *focaccia,* und genießt einen jener für Ligurien so typischen sinnlichen Glücksmomente.

> Es ist Winter in Ligurien, aber die Sonne scheint unverdrossen, und überall blühen die Kamelien in Weiß, Rot, Rosa und natürlich die knallgelben, zartblütigen Mimosen. Dank der Olivenhaine, der Steineichen und japanischen Magnolien, dank der großblättrigen Bananenstauden und Palmen grünt es auch im Winter in allen Schattierungen. Allerorten wird gewerkelt und gepinselt, die Bewohner der Badeorte längs der Küste bereiten ihre Hotels, Eiscafés und Strandbäder auf den Ansturm der Sonnensucher vor. Die wunderbar pastellfarbenen Häuser, die aufs Meer schauen, bekommen einen neuen Anstrich. In den Dutzenden von Sporthäfen längs der 350 km langen Küste wird geklopft und gestrichen, um die weißen Motor- und Segelyachten angemessen empfangen zu können. Im März beginnt die Saison, doch wegen des milden Klimas kann man das ganze Jahr über an die ligurische Riviera fahren – was ihr den Ruf eines Rentnerdorados zum Überwintern einbrachte. Aber die Zeiten der leicht angestaubten, etwas ältlichen Riviera sind

längst vorbei. Sowieso hatte alles ganz anders begonnen: In der zweiten Hälfte des 19. Jhs. waren die ersten Sommergäste aus England aufgetaucht, auf der Suche nach Sonne, nach mediterraner Pflanzenwelt und Lebensart. Sie guckten sich Bordighera, Alassio, San Remo aus, es entstanden Luxushotels, Palmenpromenaden, traumhafte Parkanlagen, Kaffeehäuser, Theater und Spielkasinos. Einiges davon hat überlebt, viele

> **Viele Villen wurden in Ferienwohnungen umgewandelt**

schöne Villen sind mittlerweile in Ferienwohnungen umgewandelt worden, für das wohlhabende jüngere Bürgertum aus Turin und Mailand. Die exklusive Tradition macht sich auch im Preisniveau bemerkbar: Ligurien ist kein billiges Pflaster, man merkt es an den Hotel- und Restaurantpreisen, an den Tarifen für Liege-

Palmenpromenaden: Sinnbild des milden Klimas der Italienischen Riviera

stühle, am Cappuccino an der Hafenpromenade.

Gegen Abend setzt man sich zum Sundowner an ein Cafétischchen, z. B. an der Bucht von Portofino, einem der schönsten und exklusivsten Flecken der an schönen Flecken wahrlich nicht armen Küste Italiens. Vergessen sind die verheerenden Regengüsse des Herbstes, die viele Wasserläufe immer wieder in reißende Sturzbäche verwandeln und die Kanalisation Genuas sehr rasch an die Grenzen ihres Fassungsvermögens bringen. Wer genau hinschaut, erkennt in manchen Tälern noch die Erosionsspuren und Erdrutsche, die diese Unwetter verursacht haben. Vergessen sind die Waldbrände unter der gleißenden Sommersonne. In diesem Moment gilt das Interesse allein der gewichtigen Frage, wo man am Abend speisen wird. Die Beute aus Meer und Wäldern und die Produkte der von der Sonne verwöhnten Gemüse- und Kräutergärten ergeben eine ausgezeichnete Küche – für Italienfans bekanntlich ein Reisemotiv erster Güte.

Riviera: Aus dem Italienischen übertragen heißt das Küstensaum, Gestade – und der ist in Ligurien 350 km lang. Die 1,8 Mio. Bewohner der mit 5415 km² drittkleinsten Region Italiens siedeln zu 90 Prozent in den Orten längs der Küste. Allein die Regionshauptstadt Genua nimmt mit ihren 650 000 Ew. rund 30 km Küstenstreifen in Anspruch, etwa genau auf der Mitte zwischen der Ponente

> **Wale und Delphine sind wieder vor der Küste aufgetaucht**

zum Südwesten und der Levante zum Südosten hin.

An diesen Küsten hatten sich in der Vergangenheit ein paar große Handels- und Kriegsflotten entwickeln können, von diesen Gestaden starteten die Händlerflotten und eroberten die Weltmärkte, von hier zog Christoph Kolumbus los. Vom Meer kamen aber auch die Bedrohungen, Sarazenenüberfälle, Piratenraubzüge, die Übermacht der Franzosen, Spanier, Engländer. Und immer das Gefühl des Platzmangels, eingeklemmt zwischen Bergen und Meer, ein Empfinden, das die Mentalität der Ligurer geprägt hat: Sparsam sind sie, eigensinnig, eigenständig und auf ihre Unabhängigkeit bedacht – dabei kontaktfreudig und weltoffen die Küstenanrainer, eher zugeknöpft, asketisch und konservativ die Beum 180 000 v. Chr. Erste Höhlenmenschen siedeln an Liguriens Westküste

200–191 v. Chr. Die Römer unterwerfen Ligurien

ab 1096 Genua baut seine Wirtschaftsmacht aus, indem es mit einer bewaffneten Handelsflotte an den Kreuzzügen teilnimmt

1284 Genua gewinnt für ein gutes Jahrhundert die Alleinherrschaft über das Tyrrhenische Meer und wird zum stärksten Konkurrenten des blühenden Venedig

1492 Der in Genua geborene Kapitän Christoph Kolumbus entdeckt Amerika für die spanische Krone

1528 Die unabhängige Republik Genua entsteht, ihr bedeutendster Doge wird Andrea Doria, Genuas Glanzzeit beginnt

1746 Österreich, immer wieder auf der Suche nach einem Zugang zum Meer, besetzt Genua

1860 Von Genua-Quarto startet Freiheitskämpfer Giuseppe Garibaldi seinen „Zug der Tausend" gen Süden, was 1861 zur Einigung ganz Italiens unter König Viktor Emanuel II. führt

1946 Nach Monarchie, Faschismus und Zweitem Weltkrieg entscheiden sich die Italiener für die Staatsform der Republik

1992 Die 500-Jahr-Feiern zur Entdeckung Amerikas durch Kolumbus sorgen in Genua für neuen Aufschwung

2004 Genua ist europäische Kulturhauptstadt

2006 Die *rolli*, Genuas Altstadtpalazzi, kommen auf die Unesco-Welterbeliste

wohner des bergigen Hinterlands. Denn Ligurien ist ja nicht nur der Küstenstreifen der Riviera, vielmehr reicht es hinauf auf fast 2000 m Höhe, sehr viel mehr Raum als die Küste nehmen die Berge des Apennins und der Seealpen in Anspruch.

Schaut man sich die natürlichen Gegebenheiten an, unter denen die Menschen in den Tälern und an den Berghängen zu leben hatten (und heute noch haben), dann versteht man ihre Sparsamkeit: So üppig die Vegetation dank dem guten Klima ist, Boden für ertragreichen Ackerbau gibt es kaum. Alles muss äußerst mühsam auf künstlich mit Stützmauern angelegten, kleinen Terrassen angebaut werden. Dafür aber hat dieser aus funktionellen Bedürfnissen entstandene Weinanbau zum Beispiel an dem weltberühmten Küstenabschnitt der Cinque Terre zu einer derart schön gestylten Landschaft geführt, dass sie heute in die Unescoliste des Welterbes aufgenommen worden ist.

Es sind dies auch Maßnahmen, um der modernen Zersiedlung und dem Ansturm des Massentourismus etwas entgegenzusetzen, das fragile Gleichgewicht der Riviera zu retten. Die Täler und Hochebenen, die Wälder und uralten Bergdörfer werden zunehmend entdeckt, in den Tälern oberhalb von Imperia und San Remo haben sich viele Deutsche und Skandinavier niedergelassen und alte Bergbauernhäuser restauriert. Trendsportarten wie Freeclimbing und Rafting, Canyoning und Mountainbiking ziehen zunehmend auch junge Leute in die Berge. Neue Lebensformen werden ausprobiert, um die aussterbenden Bergdörfer wieder zu beleben, sei es das Ruinendorf Bussana Vecchia, in dem sich im pittoresken

> *Der Hafen von Genua ist heute ein Freizeitdorado*

Verfall eine alternative Kunsthandwerkerszene angesiedelt hat, oder Colletta, das voll verkabelte Dorf für

Wale und Delphine sind wieder vor der Küste aufgetaucht.

Ein frischer Wind weht auch durch Genua: Die Hafenstadt bildet einen kulturellen Mittelpunkt von großer Lebendigkeit, der alte Hafen ist heute ein Freizeitdorado für Einheimische und Besucher. Und ihre Rolle als Kulturhauptstadt Europas 2004 hat die Restaurierung der faszinierenden Altstadt vorangetrieben. Erstklassige

Albengas historischer Ortskern versammelt Bauten aus 17 Jahrhunderten, darunter die mittelalterlichen Geschlechtertürme der einst wichtigsten Familien der Stadt

urbane Wochenendaussteiger. Gute Nachrichten kommen auch von der Küste: Überdurchschnittlich viele Strände längs der ligurischen Küste haben in den letzten Jahren die begehrte Blaue Fahne für gute Wasserqualität aufstellen dürfen. Selbst

Ausstellungen ziehen das Publikum an; bedeutende Kunstsammlungen hatte die Stadt immer schon zu bieten. Auch ist sie voller einladender Restaurants, Aperitifbars und Musikclubs. Gründe für eine Reise nach Ligurien gibt es mehr als genug.

▶▶ TREND GUIDE LIGURIEN

Die heißesten Entdeckungen und Hotspots! Unser Szene-Scout zeigt Ihnen, was angesagt ist

Diemut Pernice

Ihr Gespür für Trends hat die Musikerin nach Ligurien gezogen. In Genua am Porto Antico spürt sie die besten Bars auf, in der Altstadt besucht sie die neuesten Kunstausstellungen. An den Wochenenden entdeckt sie die italienischen Dörfer, die gerade aus ihrem Dornröschenschlaf erwachen. Diemut Pernice liebt Ligurien – weil in der Region immer etwas los ist und weil es nirgendwo so schön ist wie hier!

▶▶ ARTE CONTEMPORANEA

Die Kunstszene ist wieder aktiv

Nach ruhigeren Zeiten erwacht die Szene wieder zum Leben: Junge Künstler experimentieren mit neuen Elementen, und auch die Galerien lassen sich was einfallen. Einmal im Jahr treffen sich die Künstler der Region zum Vernissage-Abend der Galerien und diskutieren, bewundern und visionieren bis tief in die Nacht. Galerieadressen und weitere Infos dazu gibt es unter *www.genovastart.com*. Der Genueser Kunstverein *Studio 44 (Vico Colalanza 12 r, www.galleriastudio44.it)* konzentriert sich auf Kreative aus Genua und der Schweiz. Die Atmosphäre ist urban und freigeistig: Ihre Werke stellen die Künstler in einem Altstadtpalazzo aus. Wer zum Kunstwerk Kaffee trinken möchte, geht ins Berio Café *(Via del Seminario*

16, www.beriocafe.it, Foto). In dem Lokal in der Genueser Stadtbibliothek treffen sich junge Artists, um die Werke der Konkurrenz zu betrachten und Gedanken auszutauschen.

SZENE

▶▶ TAG AM MEER

Neuer Wind an der Riviera

Der Strand avanciert zum Szenetreffpunkt mit Allround-Charakter: Fitnessclub, Aperitiftreff, Chill-out-Lounge, abendliche Candlelight-Location und Diskobar – die neue Riviera macht vielseitige Angebote. Grandioses Ambiente mit stylishen Korbmöbeln und einer tollen Lounge gibts im *Beachclub Soleluna (Passeggiata degli Artisti, Albissola Marina, www.solelunabeach.it)*. Auf der Aperitifterrasse des *Soho (Via Antica Romana 6)* in Bogliasco hat man den schönsten Blick auf das Meer. Zu Beachvolleyball und heißen Partys am Strand trifft sich die Sommer-Movida in den *Bagni Benvenuto,* abends gehts zum Feiern und Abtanzen in die dazugehörige *Mucca Bar (Corso Italia 7 a, Genua).*

▶▶ VERRÜCKTE SPORTARTEN

Wirklich außergewöhnlich

Die ligurische Aktivszene liebt es crazy. Je verrückter der Sport, desto besser! Im südlichen Piemont und in der Provinz Imperia ist *pallone elastico (www.palloneelastico.it)* der Hit: Der Ballsport, auch *pallapugna* genannt, ist dem Faustball ganz ähnlich. Im Dörfchen Dolcedo kann man gleich auf zwei Spielfeldern üben, in Apricale gibts im Juni und Juli ein Turnier mit 16 Teams *(www.apricale. org)!* Höher, schneller, weiter heißt es bei den Skatern. Im *Groove Skatepark (Villa Zarello 2 a, www.grooveskatepark.it)* in Sestri Levante trainieren Cracks auf Rampen und Halfpipes. Beim Sportfest im Alten Hafen von Genua werden einmal im Jahr verrückte Sportarten präsentiert, z. B. *ciclotappa,* ein Straßenspiel, bei dem man mit dem Finger kleine Plättchen über einen Parcours schnippt.

▶▶ DÖRFER DE LUXE

Bio und Kunst sorgen für neuen Schwung

Wie lässt man abgelegene Dörfer aufleben? Indem man aus ihnen etwas Besonderes, Neues macht! Wie z. B. aus Bussana Vecchia *(www.bussana.com)* bei San Remo: Aus alten Ruinen ist ein Dorf mit Kunsthandwerk, Ateliers und Galerien entstanden. Varese Ligure *(www.prolocovareseligure.it)* setzt auf Öko und gilt als grünes Musterdorf mit Windenergie. Colletta di Castelbianco *(www.colletta.it)* ist das Feriendorado für Websurfer: Dank Hightech-Sanierung gibts hier besten Empfang für Internet und Handy. Und komplett restauriert ist das Dörfchen sowieso.

▶▶ MULTI-CLUBS

Eine Location, viele Events

Der Nightlifetrend an der ligurischen Küste: die Kombination von Restaurant und Bar, Dance-Club und Eventlocation. Entspannte Partykeller-Atmosphäre gibts im *Beautiful Loser (Vico dietro il Coro di San Cosimo 6 r, Genua, www.beautifulloser.it,* Foto). Hier wird gegessen, getrunken, Musik gehört und gefeiert. Super hip ist das *Graffiacane (Largo Amendola 3, www.graffiacane.it)* in Santa Margherita Ligure. Regelmäßige Jazzsessions sind hier angesagt. In Genua treffen sich die Fans des gepflegten Multi-Clubbings im Contemporary-Nightclub *Il Clan (Salita Pallavicini 16 r, www.ilclan.biz)* zu Cocktails, Events, Partys und Modenschauen. Stylish und locker zugleich!

▶▶ VINTAGE-PARADIES

Genua: Genial für Shoppingfans

In kaum einer Stadt Italiens haben in den letzten Jahren so gute Vintage-Läden eröffnet wie in Genua! Exklusive Mode von 1900 bis heute gibt es im *Lipstick (Via XXV Aprile 60 r, www.lipstickvintage.com)*. Außergewöhnlich sind im *Polvere di Stelle (Via ai Quattro Canti di San Francesco 38 r,* Foto) nicht nur die Besitzer mit Hund Lulu, sondern auch die Kleider. Im *Betty Page Boudoir (Via di Ravecca 51 r)* ist der Name Programm: Ganz zu Ehren des Erotikstars der Fünfzigerjahre gibts hier ausgefallene Lingerie im Stil der Zeit von 1900 bis 1950.

>> VISIONEN FÜR ALTE HÄUSER

Architekten haben Großes vor

Der weltberühmte Genueser Architekt Renzo Piano *(www.renzopiano.com)*, bekannt durch seinen Masterplan für den Potsdamer Platz in Berlin, hat nun auch seine Heimat im Visier. Unter dem Namen *Waterfront* soll er die Industriebereiche am Hafen neu gestalten. Im Miniaturformat können seine Pläne schon bewundert werden – in einer ständigen Ausstellung im neuen *Galata Museo del Mare (Calata De Mari 1, www.galatamuseodelmare.it)*. Auch der Hafen von La Spezia soll neu gestaltet werden – unter der Feder von Gaetano Pesce *(www.gaetanopesce.com)*, einem weiteren ligurischen Architekten und Designer. Für den Hafen von Savona denkt sich zurzeit der Mailänder Architekt Massimiliano Fuksas Neues aus. Ebenfalls am Werk ist der französische Stararchitekt Jean Nouvel *(www.jean nouvel.com)*: Er entwirft die neue Messehalle Genuas (Fotomontage) direkt am Meer.

>> FESTIVALFIEBER

Celebrate the innovation!

Stillstand ist langweilig! In Ligurien entwickelt die Kultur- und Freizeitszene rasend schnell neue Trends. Und das will gefeiert werden – auf zahlreichen Festivals werden die Trends präsentiert und zelebriert! Beim internationalen Tanzfestival *Corpi Urbani (www.associazioneartu.it)* im September in Genua und Finale Ligure zeigt die Tanzszene ihr Können. Echten Glamour versprühen die *Regate di Primavera* vor Portofino *(www.portofino.ws)*: Vom *Yacht Club Italiano* organisiert, trifft sich hier die internationale Vip-Szene zum Sehen und Gesehenwerden. Das Spannendste ist aber das Rennen: Mit ihren Millionenyachten treten hochrangige Unternehmer gegeneinander an – entspannt wird abends bei den Partys von Berlusconi und *Dolce & Gabbana*. Kulturellen Anspruch gibts beim *Filmfestival (www.genovafilmfestival.it,* Foto) in Genua: In der ersten Juliwoche werden renommierte Kurz- und Dokumentarfilme und Werke von ligurischen Autoren präsentiert. Und auch der Videofilm kommt zu Ehren: mit dem *Cineforum* in Imperia *(Teatro I. Calvino Università, Via Nizza 8, www.videofestivalimperia.org)*.

BLUMENRIVIERA

Gladiolen, Nelken, vor allem aber duftende Rosen in zauberhaftem Gelb, Rosa, Blutrot, diese Blumenpracht hat dem Küstenabschnitt zwischen Ventimiglia und Imperia seinen Namen *Riviera dei Fiori*, Blumenriviera, gegeben. In zahllosen Gewächshäusern – nicht immer eine Zierde für die Landschaft – entstand hier eine der bedeutendsten Schnitt-

blumenindustrien Europas (Jahresproduktion 20 000 t). Für die Blumenriviera noch bis ins späte 20. Jh. die wichtigste Einnahmequelle, ist das im doppelten Wortsinn blühende Geschäft heute arg bedroht von der Konkurrenz aus Indien, Lateinamerika und Afrika. Angefangen hatte es 1874, als der deutsche Gartenmeister Ludwig Winter die ersten frischen Rosensträuße aus Bordighera auf die Märkte nach München schickte, im

Bild: Giardini Botanici Hanbury bei Ventimiglia

STICH WORTE

Herbst und per Eisenbahn. Winter hatte an diesem Flecken mit seinem wunderbar milden Klima sein Wirkungsfeld gefunden, neben Blumen pflanzte er Dutzende Palmenarten, Kakteen, Farne, Agaven an. Hier, nur wenige Hundert Kilometer vom rauen Norden, konnten sie gedeihen. Mitgestaltet hat er die berühmten Giardini Hanbury bei Ventimiglia sowie zahlreiche Parkanlagen in Bordighera und San Remo, alle mit dieser typischen Mischung aus exotischen und mediterranen Pflanzen, die den Reiz der ligurischen Vegetation ausmachen.

CRISTOFORO COLOMBO

Am Ende ist es egal, ob Christoph Kolumbus (1451–1506) wirklich in Genua geboren ist oder, wie einige vermuten, ein spanischer Matrose war. Auch waren es die Spanier und nicht die Genueser, die ihn mit den drei Karavellen für seine Entdeckerreise ausgestattet hatten (allerdings mit Geld, das sie sich von den Genueser Bankiers geliehen hatten). Cogoleto, ein Vorort Genuas, erhebt ebenfalls Anspruch, sich Geburtsort des ruhmreichen Seefahrers und Amerikaentdeckers nennen zu dürfen, wie Gedenktafeln bezeugen. Keine handfesten Beweise gibt es, dass die Casa di Colombo in Genua wirklich sein Geburtshaus war, die nötige Aura aber hat es, dem Besucherinteresse nach zu urteilen. Und darauf kommt es schließlich an: 1492, das Jahr der Amerikaentdeckung, gab 1992 den Anlass für die 500-Jahr-Feiern, die Genua im Namen seines berühmten Sohnes genutzt hat, sich ebenfalls mal wieder neu zu entdecken. Seither weht frischer Wind durch die Stadt! *Grazie,* Cristoforo Colombo, der immerhin behauptet haben soll (so eine Inschrift am Bahnhof Principe): „Ohne Genua wäre ich nie zum Entdecker geworden."

FASSADENSCHMUCK

Steinerne, dekorativ geschwungene Fenstereinrahmungen, Quadersteinfassaden, Nischen mit Skulpturen, Relieffriese, verschnörkelte Balkone, Säulen und überhaupt Fenster: So aufwendig schmückten die Ligurer seit dem 16. Jh., dem „goldenen Zeitalter", ihre Häuser – doch all dieser Dekor ist aufgemalt in meisterhafter Trompe-l'Œil-Technik. Man wollte zeigen, was man wert war, aber es gab auf den winzigen Siedlungsflecken zwischen Meer und Bergen keinen Platz für die Entfaltung von ausladenden Barock- und Renaissancepalazzi. Also malte man sie sich. Die Siedlungen wuchsen statt in die Breite in die Höhe, wie es die schönen Häuser von Camogli zeigen, oder man baute die mittelalterlichen Häuschen aus. Die gemalten Fensterreihen wurden geradezu Pflicht, um dem Gebäudewirrwarr einen einheitlichen Fassadeneindruck zu verleihen. In den letzten Jahrzehnten malte man nicht mehr, alles musste prak-

> WANDERROUTE „ALTA VIA"
440 km durch die Bergwelt Liguriens

Eine schöne Strecke führt als Höhenwanderweg durch die ligurischen Berge, die Alta Via dei Monti Liguri. Sie reicht von Ventimiglia im Westen an der französischen Grenze bis nach Ceparana, ein paar Kilometer nördlich von La Spezia. Die 440 km lange Route, die dem Gebirgskamm der ligurischen Alpen folgt und in 44 Tagesetappen aufgeteilt ist, ist bestens markiert (rotweißrotes Rechteck mit mittigem AV), mit Berghütten versehen und bietet immer wieder herrliche Weitblicke. Im Buchhandel erhalten Sie den detaillierten Wanderführer „Der Höhenweg der ligurischen Berge" (18 Euro). Die Website *www.altaviadeimontiliguri.it* begleitet die Route mit praktischen Infos.

tisch sein und durfte nicht viel kosten, auch die Malermeister gab es nicht mehr. Das ist jetzt anders: In jüngerer Zeit gibt es wieder engagierte Malermeister und Hausbesitzer, die die alten ligurischen Muster aufgreifen, und das nicht nur bei Restaurierungen, sondern auch beim Neubau.

GLAMOUR

Die winzige Fischerbucht von Portofino war in den Fünfziger- und Sechzigerjahren ein Hideaway der Schönen und Reichen und das Flaniertrottoir der Glamourgrößen Hollywoods: Alle kamen sie, von Ava Gardner und Humphrey Bogart bis Liz Taylor und Greta Garbo. Heute kommen George Clooney, Kylie Minogue und Naomi Campbell. Die reichen Gäste von einst waren Reeder Aristoteles Onassis und Fiatboss Gianni Agnelli, heute heißen sie Bill Gates und Silvio Berlusconi.

GROTTEN

In Ligurien hat man einzigartige Spuren menschlichen Lebens gefunden, die bis zu 240 000 Jahre zurückreichen, in die Steinzeit, in der Grotten und Höhlen als Lebensraum dienten. So etwa in den phantastischen Tropfsteinhöhlen von Toirano, in denen man Fuß- und Knieabdrücke, Reste von Fackeln und Krallenspuren des Höhlenbärs – alles mindestens 100 000 Jahre alt – gefunden hat. Die spektakulärsten Funde menschlichen Lebens sind die bis zu 85 000 Jahre alten Skelettreste in den Grotten in den Kalkfelsen der Balzi Rossi an der Grenze zu Frankreich

Tropfsteinhöhle Toirano: Hier hauste der Höhlenbär – vor rund 100 000 Jahren

sowie die Tausende von steinzeitlichen Ritzzeichnungen am Monte Bego, heute jenseits der Grenze auf französischem Gebiet gelegen. Die meisten stellen Tiere dar, aber auch Waffen und Szenen des alltäglichen Lebens. Einige Abdrücke dieser Ritzzeichnungen kann man in Bordighera im Museo Bicknell sehen.

LIEDERMACHER

Wer nach einem besonderen Mitbringsel sucht, einem Stück von der Seele Liguriens, dem seien die poetischen Lieder der sogenannten *cantautori genovesi* empfohlen: In den Sechzigerjahren fingen auf der Welle der französischen Chansonniers ein paar junge, begabte Leute aus Genua an, poetische Texte zu schreiben – empfindsam, lapidar –, sie zu vertonen und zu singen. Sie hießen Bruno Lauzi, Umberto Bindi, Luigi Tenco, Gino Paoli und verstanden es, jeder in einem eigenen, unverwechselbaren Stil, Lieder zu schreiben, die mit den Klischees von San-Remo-Schlagern nichts zu tun hatten. Die *scuola genovese* war geboren. Der Berühmteste und wohl auch Geliebteste unter ihnen ist der 1999 gestorbene Fabrizio De André, eine regelrechte Kultfigur. Von Literaturkritikern als einer der größten zeitgenössischen Dichter Italiens eingeschätzt, erzählen viele seiner Lieder, manche in Genueser Dialekt, vom Straßenleben in der Altstadt Genuas, vom Meer, von den Menschen Liguriens. Die beste Plattenauswahl zur *scuola genovese* finden Sie auf der auch von De André besungenen Altstadtgasse Via del Campo bei ▶▶ *Musica Gianni Tassio* (Nr. 29 r | www.giannitassio-viadel campo.it).

ROLLI

Genuas goldenes Zeitalter begann 1528, als der große Admiral Andrea Doria mit Spanien unter dem Habs-

> BEPPE GRILLO
Italiens berühmtester Blogger kommt aus Genua

Offenbar hat Beppe Grillo das typisch ligurische *mugugnare* (kritisieren, skeptisch an allem herumnörgeln) im Blut. Angefangen hat er, wohnhaft im schönen Genueser Vorort Nervi, als Komiker, doch mit den Jahren hat er sich zu Italiens schärfstem Kritiker der Machenschaften in Politik, Industrie und Medien entwickelt. Seine Reden auf den Plätzen der italienischen Städte haben 2007 anlässlich seiner Kampagne *Vaffanculo-Day* („Leck-mich-Tag") mehr als anderthalb Millionen Menschen mobilisiert. Sein Blog www.beppegrillo. it wird durchschnittlich 200 000-mal am Tag aufgerufen, was ihn zu einem der zehn meistangeklickten Blogs weltweit gemacht hat. Ihm wird Demagogie und Antipolitik vorgeworfen. Zugleich gehören seine Mitstreiter zu den aktivsten Organisatoren von über das Web gesteuerten Aktionen und Demonstrationen: http://beppegrillo.meetup. com. Und Dutzende gegen ihn angestrengte Verleumdungsklagen hat er gewonnen.

burgerkaiser Karl V. einen Vertrag abschloss, der ihn zum Oberhaupt der spanischen Flotte machte und die Genueser Kaufleute und Bankiers im kulturerbes aufgenommen, *rolli* werden sie genannt, (nach *rotoli del catasto,* Katasterrollen). Ins *rollo*-Verzeichnis kamen die Besitzer, wenn

Palazzo San Giorgio in Genua: Zeuge des goldenen Zeitalters der Stadt

Schlepptau der neuen Großmacht Spanien zu den aktivsten Geldverleihern und Finanzhändlern Europas. Eine Geldoligarchie aus Genueser Bankiersfamilien entwickelte sich, die ihren sagenhaften Reichtum aus der Verzinsung des Geldverleihs in den Bau prachtvoller Palazzi steckte, die sie mit den schönsten Gemälden der besten Künstler des 16. und 17. Jhs. füllte – Palazzi und Gemäldesammlungen, die man heute bewundern kann.

42 dieser Prachtpalazzi wurden von der Unesco in die Liste des Welt-kulturerbes aufgenommen, ihr Palazzo Folgendes aufbieten konnte: unten großzügige Geschäfts- und Lagerräume, ab dem dritten Stockwerk prächtige, mit Fresken und Gemälden ausgeschmückte Gemächer, in denen die Familie die Honoratioren und Staatsgäste der Stadtrepublik Genua ehrenvoll empfangen konnte. In der oberen Altstadt und vor allem um zwei Straßenzüge gruppieren sie sich noch heute: an der Via Garibaldi mit dem Rathaus und den Museumspalästen sowie an der Via Balbi mit den Universitätspalazzi. *www.irolli.it*

WELTMUSIK UND HARFENKLÄNGE
Kaum ein Fest ohne glitzernde Feuerwerke über dem
nachtschwarzen Meer

> Volles Programm das ganze Jahr über:
Im Februar ist das berühmte Schlagerfes-
tival von San Remo an der Reihe, im
Sommer wechseln sich Kulturfestivals,
Schlemmerorgien und Sportevents ab,
und zwischendurch finden stimmungs-
volle Prozessionen zu den vielen Madon-
nenwallfahrtsorten statt. Und alles wird
gekrönt von phantastischen Feuerwerken überm nachtschwarzen Meer.

GESETZLICHE FEIERTAGE
1. Jan. (Capodanno); **6. Jan.** (Epifania);
Ostersonntag und -montag (Pasqua und
Pasquetta); **25. April** (Liberazione, Tag
der Befreiung vom Faschismus); **1. Mai**
(Festa del Lavoro); **2. Juni** (Festa della
Repubblica); **15. Aug.** (Ferragosto, Mariä
Himmelfahrt); **1. Nov.** (Ognissanti); **8. Dez.**
(Immacolata Concezione); **25. Dez.**
(Natale); **26. Dez.** (Santo Stefano)

FESTE & EVENTS
Erstes Februarwochenende
Sagra della Mimosa in Pieve Ligure
oberhalb von Genua: Zur knallgelben
Mimosenblüte ziehen blumenge-
schmückte Festwagen durch den Ort.

Ostern
Zwei der vielen eindrucksvollen Oster-
prozessionen: *Processione del Venerdì
Santo,* die Karfreitagsprozession in
Savona mit holzgeschnitzten Passions-
darstellungen, und *Karwoche* in Ceriana
nördlich von San Remo mit barocken
Skulpturen und Misereregesängen.
Bordigheras Kirchen schmücken kunst-
volle Palmblattgebinde *parmureli*
genannt.

Mai
★ *Sagra del Pesce* in Camogli am
zweiten Sonntag, berühmtes Schlem-
merfest um eine riesige Fischpfanne.
Mai ist der Segelmonat mit Regatten in
Santa Margherita und Portofino.
Andersen Festival (www.andersenfesti
val.it) am letzten Wochenende: internationale Performancekünstler und italienische Theaterleute verzaubern an den
Stränden von Sestri Levante.

Aktuelle Events weltweit auf www.marcopolo.de/events

> EVENTS
FESTE & MEHR

Juni

Beim *Suq (www.irolli.it)* in der ersten Junihälfte verwandelt sich Genuas Porto Antico zehn Tage lang in einen bunten Basar der Völker.

⭐ *Battaglia di Fiori (www.battagliadi fiori.com)*: spektakulärer Blumenumzug mit Blumenschlacht Mitte Juni in Ventimiglia.

Ende Juni tritt die Weltmusikszene beim *Festival Musicale del Mediterraneo (www.echoart.org)* in Genua auf.

Juli

Madonna di Monte Allegro in Rapallo vom 1. bis 3.: eine von vielen Marienfeiern mit Prozessionen, Schlemmermarkt, Feuerwerken und Tausenden von Lichtern auf dem nächtlichen Meer.

▶▶ *Goa-Boa-Festival (www.goaboa.net)* in Genua am ersten Wochenende: drei Tage internationaler Avantgarderock in den aufgelassenen Industrieanlagen im Viertel Cornigliano.

Festa della Maddalena in Taggia am dritten Wochenende: ein archaisches religiöses Fest mit mittelalterlichem Totentanz als Höhepunkt.

Harpae in Isolabona im Nerviatal in der letzten Woche: hochklassiges Musikfestival mit dem uralten Instrument der Harfe.

Juli/August

Rassegna della Musica da Camera (www.cervo.com/festival) in Cervo: ein Kammermusikfestival der Spitzenklasse.

August

⭐ *Palio del Golfo (www.paliodelgolfo. it)* in La Spezia am ersten Wochenende: ein Wettkampf in Ruderbooten mit historischen Kostümumzügen, Konzerten, Schlemmerständen, Feuerwerk.

Am ersten Sonntag schwimmen zur Bootsprozession *Stella Maris* in Camogli Tausende von Lichtern auf dem Meer.

September

Vele d'Epoca (www.veledepoca.com) vor Imperia: spektakuläres Treffen historischer Segelschiffe und Schoner Mitte September in geraden Jahren.

> DIE GRÜNE KÜCHE

Ganz Ligurien duftet nach frischem Basilikum, dem wesentlichen
Bestandteil des Pesto *alla genovese*

> **Die ligurische Küche hat ein paar Besonderheiten, die man nur hier zu essen bekommt. Schon die Tatsache, dass hier Land und Meer eng aufeinander stoßen und damit eine *cucina di terra e di mare* schaffen, zeichnet sie aus.**

Dem bergigen Land hat man durch Terrassenbau kleine Ackerflächen abgerungen für Obst, Wein, Oliven, Gemüse und Kräuter und für Kleinvieh wie Kaninchen, Geflügel, Ziegen. Alles wird genutzt: aus den Wäldern Schnecken, Pilze und Kastanien, aus dem Meer Tintenfische und Sardinen. Wer also Ferien an der Riviera macht, sollte das nutzen und sich nicht nur mit Pizza zufriedengeben. Probieren Sie stattdessen die *focaccia,* einen würzigen, oft mit Käse gefüllten, gebackenen Fladen.

Weltberühmt ist der Pesto, die knallgrüne Creme aus Basilikum, Olivenöl, Pinienkernen, Knoblauch und geriebenem Käse, die man zu

ESSEN & TRINKEN

Nudeln isst, etwa zu den *trofie,* kurzen, unregelmäßig gezwirbelten Pastawürmchen, oder zu den *trenette,* schmalen Bandnudeln. Basilikum ist die Hauptzutat des Pesto, und es versteht sich, dass das in Ligurien angebaute Basilikum als das beste gilt, vor allem wenn es von den sorgfältig mit Pferdemist gedüngten Beeten und Gewächshäusern von Pra bei Genua kommt. Kleinblättrig muss es sein, also jung geerntet werden.

Manchmal mischt man unter den Pesto auch eine zerdrückte Kartoffel oder Stückchen frischer Bohnen – einfach köstlich.

Überhaupt würzen jede Menge duftende Kräuter die Gerichte: Basilikum, Majoran, Thymian, Minze, Zitronenmelisse, Bohnenkraut, Salbei, Rosmarin, fast alle Einheimischen haben in ihren kleinen Gärten Kräuterbeete oder Töpfe auf den Balkonen, vor den Hauseingängen. Neben Kräutern und Gemüse – Artischocken, besonders gut aus der Gegend um Albenga, Auberginen, Zucchini, Fenchel, Tomaten, Paprika – spielen Hülsenfrüchte eine wichtige Rolle: Aus dem Mehl von Kichererbsen macht man die typische *farinata.* Von Feinschmeckern geschätzt werden die hellen Bohnen aus Badalucco und Pigna.

Und natürlich findet man alles, was aus dem Meer kommt, auf dem Teller wieder: Krustentiere wie Scampi, Krabben und Krebse, Muscheln und vor allem Tintenfische und Kraken *(moscardini, polpi, seppie),* Sar-

cappon magro – ein Mix aus Gemüse, Fisch und Krustentieren in einer Sauce aus Sardellen, Oliven, Kapern, Knoblauch und Pinienkernen. Eine Genueser Spezialität, die man auch kalt essen kann

castagnaccio – Kastanienkuchen aus dem Mehl der Kastanien der weiten Kastanienwälder

cima ripiena – Kalbsbrust, die mit Kalbsinnereien, Gemüse, Käse und Kräutern gefüllt wird (Foto)

ciuppin – Suppe aus passiertem Fisch

coniglio in umido – in Weißwein und Olivenöl geschmortes Kaninchen, mit Pinienkernen, Rosmarin, schwarzen Oliven und Knoblauch gewürzt

focaccia – ein im Ofen gebackener Fladen aus Mehl, Wasser, Hefe, mit Rosmarin, Salbei, Origano und Zwiebeln gewürzt – die ligurische Pizza

lumache alla ligure – mit Tomaten und Steinpilzen weich gekochte Schnecken aus den Bergen bei Molini di Triora

mesciua – die für La Spezia typische Suppe aus weißen dicken Bohnen, Kichererbsen und Getreidekörnern

muscoli ripieni – mit einem Mus aus zerkleinerten Muscheln, Parmesan, Eigelb und Majoran gefüllte und in Weißwein gedünstete Miesmuscheln

pandolce genovese – ein mit Orangenblütenwasser, kandierten Früchten, Nüssen, Likörwein und Lorbeer gewürztes süßes Brot, ähnlich dem Stollen

pansoti con salsa di noci – mit Blattgemüse, Parmesan, Ricotta und Kräutern gefüllte Teigtaschen, die mit einer Sauce aus gehackten Walnüssen gegessen werden

sardinaira – mit Sardellen gewürzte *focaccia*

stoccafisso accomodato – mit Oliven, Pinienkernen und Kartoffeln gekochte Stockfischstückchen

torta di verdura – aus vielerlei Gemüsesorten wie Mangold, Spinat, Artischocken geschichtete Torte

farinata – flacher Fladen aus Kichererbsenmehl, mit Pfeffer, Rosmarin und Zwiebeln gewürzt

dinen *(sarde)* und Sardellen *(acciughe)*. Edelfische wie Goldbrasse *(dorata)*, Seebarsch *(branzino)* und Schwertfisch *(pesce spada)* werden meist auf dem Grill zubereitet oder *al cartoccio,* in Folie oder Pergament, gedünstet.

Ein Gericht aus alten Zeiten, als man die Schlichtheit der Zutaten mit aufwendigen Rezepten schmackhaft aufzuwerten wusste, ist *brandacoion,* ein Auflauf aus Stockfisch, Kartoffeln, Eiern und Nüssen. *Stoccafisso,* der getrocknete Kabeljau, und *baccalà,* seine in Salz konservierte Variante, verweisen auf die Seefahrerküche und ihre Nahrungskonservierung auf den langen Schiffsfahrten. Den *baccalà* bekommen Sie, stückweise frittiert, in den *friggittorie* in der Altstadt Genuas – eine Delikatesse.

Aus dem Landesinnern kommen Fleischgerichte wie gefüllter Kalbs- oder Rinderbraten oder gebratenes Kaninchen. Die beste Salami kommt aus Sant'Olcese oberhalb von Genua. Sie wird ganz langsam über Holzkohlenfeuer getrocknet, was ihr ein leicht rauchiges, besonders würziges Aroma verleiht. Von den Almen an den Bergen kommen schmackhafte Kuhmilchkäse, aber auch Frischkäse aus Ziegen- und Schafsmilch.

Und für die Süßmäuler gibt es Pralinen, kandierte Früchte, mit Schokolade überzogene Datteln, Feigen, Orangenstreifen; die Schoko-Nuss-Pralinen heißen in Alassio und Genua *baci.* Berühmt sind die Mandelmakronen aus dem Raum Savona, die *amaretti di Sassello.*

Die steilen Hänge Liguriens bieten wenig Raum für einen ausgiebigen Weinanbau; so werden die heimi-

Weinlese bei Dolceacqua: Hier wächst einer der wenigen Rotweine Liguriens

schen Weine vornehmlich vor Ort getrunken. Die in Ligurien angebauten Reben sind heimische Sorten, das sorgt für recht individuelle Weine. Das größte Weinbaugebiet befindet sich im Hinterland von Imperia, hier wachsen die Weißen Vermentino und Pigato, der Rosé Rosa di Albenga und oben bei Dolceacqua der rote Rossese di Dolceacqua. Von den steilen Terrassen der Cinque Terre kommen ein herber Weißer sowie der ambrafarbene Dessertwein Sciacchetrà.

Zu guter Letzt: Auf der Rechnung erscheint in Italien als eigener Posten der Brot- und Gedeckpreis *(pane e coperto),* ab ca. 2 Euro pro Person, bei etwas edleren Lokalen manchmal sogar noch ein Serviceaufschlag. Beides muss aber an der aushängenden Speisekarte ausgeschrieben sein.

TOPSTAR IST DAS OLIVENÖL

Kulinarisches und Kunsthandwerk sind die beliebtesten Mitbringsel

> In den Ferien hat man endlich einmal Zeit für den Schaufensterbummel – Boutiquen mit den begehrten italienischen Modemarken gibt es überall längs der Riviera, von Bordighera bis Sestri Levante. Ein Tipp für Autoreisende: Viele Topmarken zu gutem Preis gibt es im gigantischen Outletcenter Serravalle Scrivia 40 km von Genua an der A 7 nach Mailand.

KULINARISCHES & WEIN

Ideale Mitbringsel sind die in Olivenöl eingelegten Artischocken, Pilze, Auberginen. Besonders engagierte Liebhaber ligurischer Küche wagen es sogar, im Frühsommer vor der Heimreise das Auto mit Töpfen voller Kräuter zu beladen, allen voran das ligurische Basilikum. Dazu besorgt man sich dann – fürs Pesto – auch gleich den Marmormörser und den Stößel aus Buchenholz. Auch Weinkenner werden fündig: Adressen von Winzerbetrieben mit Direktverkauf bekommt man in den Fremdenverkehrsämtern, oder man lässt sich in den gut sortierten Weinhandlungen *(enoteca)* beraten.

KUNSTHANDWERK

Klassische (Kunst-)Handwerkserzeugnisse sind die Spitzen in Rapallo, Geklöppeltes in Santa Margherita Ligure und Portofino, wunderschöne Samtstoffe in Zoagli, feine mundgeblasene Glasgefäße in Altare im Hinterland von Savona. In der Val Fontanabuona, dem Tal des Schieferabbaus, finden Sie elegante Schalen, Platten, Aschenbecher aus dem schönen, dunklen Schiefergestein. Und dann natürlich Keramik: Die Keramikhochburg ist Albisola bei Savona, doch bekommt man Keramik überall an der Riviera, oft ziemlich bunt und kitschig, aber wer sucht, wird auch hier geschmackvolle Stücke finden.

Kunsthandwerkliches jeder Art findet man auch in den neuen, kleinen Ladenwerkstätten überall in der Altstadt Genuas oder auf den Kunsthandwerkermärkten, die in der Sommersaison den abendlichen Bummel in vielen Badeorten beleben. Die Kunsthandwerker kommen oft aus den Dörfern des bergigen Hinterlands.

> EINKAUFEN

MÄRKTE

Jeder Ort hat seinen Wochenmarkt mit Klamotten, Haushaltsgegenständen usw., der größte und vielfältigste – und entsprechend stark besuchte – jeden Freitag in Ventimiglia. Jeder Ort hat aber auch seinen täglichen Gemüsemarkt – der schönste ist der Mercato Orientale in Genua. Hinzu kommen die beliebten Trödel- und Antiquitätenmärkte, zwei besonders gute sind der in Chiavari am zweiten Wochenende und der in Sarzana am zweiten Sonntag im Monat.

OLIVENÖL

Viele Italienreisende kommen ja nicht zuletzt wegen der guten Küche; Star dieser Küche ist das Olivenöl. Das ligurische Olivenöl boomt – besonders säurearm, von fruchtigem, mildem Aroma, ist es weltweit beliebt, allen voran das aus den geschützten Oliven von Taggia. In Italien werden heute etwa 13 l pro Kopf verzehrt. Das ist nicht wenig, und der Verbrauch nimmt zu, auch außerhalb Italiens im Zuge der bekömmlichen so-genannten *dieta mediterranea.* Allein im Hauptanbaugebiet, der Provinz Imperia, gedeihen über 5 Mio. Olivenbäume. Jede Pflanze ergibt 3–8 l Öl. Auch heute noch stehen die meisten Bäume auf schmalen, erdgefüllten Mauerterrassen. Im November beginnt die Ernte, feinmaschige Netze werden unter den Bäumen aufgespannt. Mit langen Holzstäben schlagen die Bauern gegen die Zweige, damit die Früchte abfallen – eine Mordsarbeit. Dass der Liter dieses kostbaren flüssigen Goldes mindestens 8 bis 10 Euro kosten muss, versteht sich. Da liegt es nahe, sich mit ein paar Litern einzudecken, kanisterweise kann man es kaufen. Die Suche nach Ölmühlen *(frantoi)* lädt zu Ausflügen in die oft sehr hübschen Orte in den Bergen ein, nach Badalucco mit der renommierten Ölmühle *Olio Roi (www.olioroi.com),* Dolcedo, Valloria, nach Lucinasco und Apricale. In den Fremdenverkehrsämtern von Imperia, Oneglia, Rapallo bekommt man die Adressen – oder unter *www.blumenrivie ra.de/Italien/Ligurien/Olivenmuehlen.*

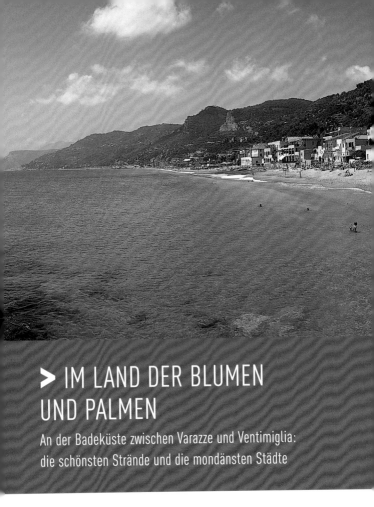

> IM LAND DER BLUMEN UND PALMEN

An der Badeküste zwischen Varazze und Ventimiglia:
die schönsten Strände und die mondänsten Städte

> In Bordighera, San Remo, Alassio stehen immer noch schöne alte Nobelhotels und Sommervillen in schattigen Parks, Überbleibsel aus den Anfängen jener Orte als Sommerfrische der europäischen Nobelgesellschaft Ende des 19. Jhs. Auch wenn längst alles sehr touristisch geworden ist, hat die Ponente einladende, bunte Badeorte und die besten Sandstrände Liguriens zu bieten.

Zwischen Ventimiglia an der französischen Grenze und Imperia nennt sie sich *Riviera dei Fiori (www.riviera deifiori.com)*, Blumenküste – das zeigt sich in blühenden Gärten und in den Gewächshäusern. Zwischen Alassio und Savona heißt sie *Riviera delle Palme (www.inforiviera.it)*, Palmenküste, da denkt man gleich an die Palmenhaine von Bordighera und an palmengesäumte Strandpromenaden. Im August wird es voll und teuer, da empfehlen sich die gemütlichen Dörfer im bergigen, kühlen Hinterland.

Bild: Varigotti

RIVIERA DI PONENTE

ALASSIO

[121 F4] An der Baia del Sole erstreckt sich über rund 3 km der feinsandige Strand des lebendigen Seebads Alassio (11 000 Ew.), einer der Spitzenstrände Liguriens, mit Blick auf den Felsvorsprung Capo Santa Croce. Der renommierte Badeort mit seinen alten Villen in üppigen Parks ist heute fest in der Hand deutscher Urlauber und Veranstalter.

■ SEHENSWERTES ■

BUDELLO

Die lange, schmale Gasse – *budello* genannt und als zentrale Hauptader in vielen alten ligurischen Küstenstädtchen anzutreffen, offiziell *Via XX Settembre* – zieht sich durch den Ortskern von Alassio, die Bummelmeile mit Boutiquen, Eisdielen und *focaccia*-Bäckereien. Die meerzugewandte Häuserzeile grenzt direkt an den Strand.

CAPO SANTA CROCE ⚜

Ein schöner Spaziergang führt von Alassio auf der Strandpromenade nach Nordosten und dann zwischen Villengärten die alte Strada Romana (*Via Solva*) hoch aufs Kap Santa Croce zum gleichnamigen romani-

Die berühmteste Mauer der Riviera steht in Alassio: Kacheln auf dem Muretto

schen Kirchlein aus dem 11./12. Jh. mit phantastischem Weitblick. Am Kirchvorplatz beginnt ein lohnender Wanderweg ins 5 km nordöstlich gelegene Nachbarstädtchen Albenga. Dieser Weg ist nichts anderes als die Weiterführung der alten Römerstraße, *passeggiata archeologica* genannt: Durch mediterrane Macchia führt sie an römischen Ruinenresten vorbei.

MURETTO

Alassio war in den Fünfzigerjahren Treffpunkt der Vips der Dolce Vita. Irgendwann kam die Idee auf, die Autogramme dieser Glamourkunden, allen voran Ernest Hemingway, auf in ein Straßenmäuerchen eingelassenen Keramikkacheln zu verewigen. Die Kacheln werden immer mehr, die Namen zumindest für Nichtitaliener immer unbekannter. Zur Belebung findet im August die Miss-Muretto-Wahl statt *(www.missmuretto.com). Ecke Corso Dante/Via Cavour*

▰ ESSEN & TRINKEN ▰

CASTELLO

Oberhalb von Alassio Richtung Moglio im Ortsteil Madonna delle Grazie isst man sich in dieser einladenden Familientrattoria mit Garten an leckeren Vorspeisen, hausgemachter Pasta und Kaninchenbraten satt. *Ostern–Anfang Okt. tgl. | Via Madonna delle Grazie 27 | Tel. 01 82 64 28 73 | €€*

OSTERIA I MATETTI

Sehr beliebt, obschon an der verkehrsreichen Durchgangsstraße: Vor zig Kinderfotos (*matetti* ist das ligurische Dialektwort für Kinder) isst man endlich mal keine Pizza, sondern sorgfältig zubereitete Lokalküche zu akzeptablen Preisen. *Mo geschl. | Viale Hanbury 132 | Tel. 01 82 64 66 80 | €*

▰ ÜBERNACHTEN ▰

BADANO SUL MARE

Kleines, freundliches Ferienhotel am Strand. *18 Zi. | Via Gramsci 36 | Tel. 01 82 64 09 64 | Fax 01 82 64 07 37 | www.badano.com | €*

RIVIERA DI PONENTE

BEAU RIVAGE

Hübsches Hotel mit Flair in einer Villa des 19. Jhs. am Meer; mit guter Küche. *23 Zi., 3 Apartments | Lungomare Roma 82 | Tel. 01 82 64 05 85 | Fax 01 82 64 04 26 | www.hotelbeau rivage.it | €€*

BEAU SEJOUR

Elegantes Hotel am Strand mit Terrassenrestaurant. *51 Zi. | Via Garibaldi 102 | Tel. 01 82 64 03 03 | Fax 01 82 64 63 91 | www.beausejourho tel.it | €€–€€€*

STRÄNDE

Der feinsandige Strand vor Alassio zählt zu den schönsten der Ponente, ist aber auch am überfülltesten. Wer 2 km vom Stadtkern nach Norden oder Süden geht, findet die gleiche Qualität, hat aber mehr Platz.

AM ABEND

An der Promenade, der Passeggiata Italia und ihren Seitenstraßen, drängt man sich abends in Eiscafés und Musikbars. Alassio und Umgebung bieten zudem die besten ▶▶ Sommerlokale der Ponente: das elegante Aperitif- und Tanzlokal ☀ *Roof Paradise (Strada Romana Santa Croce 65 | www.roofparadise.com)* in Panoramalage; die exklusive, exotisch gestylte Disko *Le Vele (Via Giancardi 50 | www.discotecalevele.it);* das Strandlokal *Essaouira (Via Michelangelo 27 | www.essaouira.it)* im Ethnolook an der Grenze zu Albenga. Eine phantastische Terrasse überm Meer hat die ☀ Diskothek *La Suerte (Via Roma 115 | www.lasuerte.it)* im angrenzenden Laigueglia. Sommers wie winters trifft man sich bei Livemusik in der gemütlichen *Osteria Mezzaluna (Vico Berno 6 | www.mezzaluna.it)*.

AUSKUNFT

Piazza della Libertà 5 | Tel. 01 82 64 70 27 | Fax 01 82 64 78 74 | www.comune.alassio.sv.it, www.alas sio.info

MARCO POLO HIGHLIGHTS

⭐ Punta Est
Die herrliche Hotelvilla bei Finale Ligure hat einen Privatstrand (Seite 38)

⭐ Grotte di Toirano
Ein Spaziergang durch die traumhaften Tropfsteinhöhlen (Seite 106)

⭐ Giardini Botanici Hanbury
Bei Ventimiglia der schönste Garten der ganzen Riviera (Seite 49)

⭐ San Remo
Das ist die ehemalige (und jetzige) Ponente pur (Seite 42)

⭐ Keramik
In Albisola: Museen, Skulpturen, Souvenirs, das Keramikkunstpflaster am Lungomare (Seite 46)

⭐ Noli
Vor der Kulisse des Kaps lädt die einstige Seerepublik in ihre uralten Mauern ein (Seite 39)

⭐ Ostello della Gioventù Castello Vuillermin
In Finale Ligure in toller Lage eine der schönsten Jugendherbergen Italiens (Seite 38)

◼ZIELE IN DER UMGEBUNG◼

ALBENGA [121 F3]

Das 5 km nördlich gelegene ☀ Albenga (22 000 Ew.), eine römische Gründung, hat nicht nur den schönen Weitblick auf das Inselchen Gallinara zu bieten, sondern auch eine besonders interessante Altstadt. Hier stößt man auf den ältesten erhaltenen Bau Liguriens, das achteckige *Baptisterium* aus dem 5. Jh. mit wunderbaren Steinmetzverzierungen und einem byzantinischen Mosaik, sowie auf die Kathedrale *San Michele* (13. Jh.) und die mittelalterlichen Geschlechtertürme der einst einflussreichen Handelsfamilien Albengas. Eindrucksvolles Zeugnis aus der Vergangenheit sind Hunderte von römischen Wein- und Ölamphoren sowie Reste von Frachtschiffen, vor 50 Jahren vor der Küste geborgen und zu sehen im *Museo Navale Romano (Di–So 10–12.30 und 14.30–18, Mitte Juni–Mitte Sept. 9.30–12.30 und 15.30–19.30 Uhr | Piazza San Michele 12).*

HINTERLAND [121 D–E3]

Auf den ersten Anhöhen haben sich schöne Landunterkünfte etabliert, etwa das edle Countryresort mit nahem Golfplatz *La Meridiana (28 Zi. | Via ai Castelli | Tel. 01 82 58 02 71 | Fax 01 82 58 01 50 | www.lameridianaresort.com | €€€)* 7 km landeinwärts in *Garlenda*. Etwa 7 km weiter bei *Casanova Lerrone* findet sich die einfache, aber sympathische Landunterkunft *Cascina Il Poggio (7 Zi., 1 Apartment | Ortsteil Marmoreo | Tel. 018 27 40 40 | www.agriturismo.it | €)* mit guter Küche.

Das Arroscia- und das Nevatal führen weiter hinauf zu hübschen alten Bergorten wie *Villanova d'Albenga, Pieve di Teco, Zuccarello,* dem besonders schönen *Castelvecchio di Rocca Barbena* und *Colletta di Castelbianco. Arnasco* ist das Zentrum des hiesigen Olivenanbaus mit einem exzellenten Öl *(Cooperativa Olivicola | Via IV Novembre 8 | www.coopolivicolarnasco.it).*

LAIGUEGLIA [121 F4]

Mit Alassio teilt sich dieser charmante Badeort 2 km südlich den feinsandigen, weiten Strand der Baia del Sole. Durch den alten Kern führt wieder der *budello,* die enge historische Gasse mit Läden und Cafés. Außerhalb der Altstadt erhebt sich *San Matteo,* eine der schönsten Barockkirchen Liguriens. Ein Küstenwachturm aus dem 16. Jh. und ein prächtiges Volksfest Anfang August *(Lo Sbarco dei Saraceni)* erinnern an die einstmals häufigen Überfälle sarazenischer Piraten.

BORDIGHERA

[120 B6] In dem 10 000-Ew.-Städtchen voller Palmen nahm Mitte des 19. Jhs. die Ansiedlung britischer Sonnensucher an der Riviera ihren Anfang. Auch Maler kamen, wie Claude Monet, den die Mischung aus mediterraner und tropischer Flora faszinierte. Auf den Anhöhen entstanden elegante Villen und Hotels in üppigen exotischen Gärten. Zum Flanieren lädt die Promenade ☀ *Lungomare Argentina* mit herrlichem Weitblick ein. Die gemütliche Altstadt – 1471 gegründet, von einer Ringmauer umfasste Turmhäuser und enge Gassen – nistet oberhalb des ☀ *Capo Sant'Ampelio.*

RIVIERA DI PONENTE

SEHENSWERTES

GIARDINO ESOTICO PALLANCA

Im Klima der Ponente gedeiht selbst Tropisches – wovon Sie sich in diesem schönen Kakteen- und Sukkulentengarten (rund 3000 Arten!) Richtung San Remo überzeugen können. *Di–So 9–12.30 und tgl. 14.30 bis 19 (im Winter bis 17.30) Uhr | Via Madonna della Ruota 1 | giardino esotico.pallanca.it*

MUSEO-BIBLIOTECA BICKNELL

Der englische Botaniker und Archäologe Clarence Bicknell hat die Ergebnisse seiner Leidenschaft für diese Küste dem Ligurischen Forschungsinstitut hinterlassen: Pausabdrücke bronzezeitlicher Felszeichnungen, antike Fundstücke und Botanisches. *Mo–Fr 9.30–13 und 14.30–16.45 Uhr | Via Romana 39*

ESSEN & TRINKEN

MAGIARGÉ

Schönes Lokal mit guter Slow-Food-Küche. Probieren Sie den Stockfisch auf ligurische Art! Im Sommer sitzt man auf der Piazza. *Mo/Di, Juli Mo/ Di und mittags, Aug. mittags geschl. | Piazza Viale | Tel. 01 84 26 29 46 | www.magiarge.it | €–€€*

LA VIA ROMANA

Sehr stilvolles Spitzenrestaurant, berühmt für *bollito di mare*, gekochten Edelfisch mit verschiedenen Kräutersaucen. *Do–Mittag und Mi geschl. | Via Romana 57 | Tel. 01 84 26 66 81 | www.laviaromana.it | €€€*

ÜBERNACHTEN

GRAND HOTEL DEL MARE 🔊

Klassisch-elegantes Komforthotel mit zauberhaftem Garten überm Meer, mit

Im milden Klima der Riviera blühen auch Pflanzen mit Migrationshintergrund: Giardino Pallanca

Swimmingpool, Fitness- und Beauty-einrichtungen. *99 Zi. | Via Portico della Punta 34 | Tel. 01 84 26 22 01 | Fax 01 84 26 23 94 | www.grandho teldelmare.it | €€€*

VILLA ELISA

Mit Geschmack und Atmosphäre ge-führtes Hotel in einer alten Villa mit Park im oberen Stadtteil. *35 Zi. | Via Romana 70 | Tel. 01 84 26 13 13 | Fax 01 84 26 19 42 | www.villaelisa. com | €€ – €€€*

■■■AUSKUNFT■■■■■

Via Vittorio Emanuele II 172 | Tel. 01 84 26 23 22 | Fax 01 84 26 44 55 | www.rivieradeifiori.org, www.bordig hera.it

■■ZIEL IN DER UMGEBUNG■■

PRINCIPATO DI SEBORGA   [120 B5]

Eifrige Heimatforscher haben he-rausgefunden, dass das 300-Seelen-Dorf Seborga seit dem 11. Jh. einen bis heute nicht revidierten Status als freies Fürstentum hat. So versucht die Bevölkerung seit den Sechziger-jahren des 20. Jhs. so etwas wie ein zweites San Marino ins Leben zu ru-fen, mit einem gewählten Fürsten, mit Münzprägung (1 Luigino = ca. 7 US-$) und mit eigenen Briefmar-ken. Ein Kuriosum, 10 km nördlich von Bordighera hübsch gelegen und mit viel Lust am Feiern. *www.princi pato-di-seborga.com*

FINALE LIGURE

[122 C6] Kletterern leuchten die Augen beim Gedanken an die Bergkulisse von Fi-nale Ligure: An den atemraubenden 〜 ▶▶ **Felswänden aus hellem Kalkge-**

stein hoch über der Küste trifft sich die europäische Freeclimberszene. Das gilt auch für die Freebiker, die Fans von Mountainbiketouren: Hier findet am dritten Maiwochenende die wohl be-liebteste MTB-Tour Europas statt *(www.24finale.com).*

Hinter dem Namen Finale verber-gen sich eigentlich drei Orte (insge-samt 13 000 Ew.), die 1927 zu einer Gemeinde zusammengefügt wurden: *Finale Marina,* heute ein lebhaftes, freundliches Ferienstädtchen, er-streckt sich an einem breiten, fein-sandigen Küstenstreifen zwischen den Mündungen der Bergflüsse Pora und Sciusa. Die Strandpromenade säumen Palmen, schöne alte Stadt-häuser mit Arkaden schmücken den Ortskern, etwa an der Piazza der Ba-rockkirche San Giovanni Battista oder an der zum Meer hin offenen Piazza Vittorio Emanuele. Jede Men-ge Hotels, Cafés, Restaurants und Sportangebote sorgen fürs Wohlbe-finden.

Finalpia schließt sich östlich der Sciusamündung an, der Strand ist schmaler, der Ort ruhiger; einen Be-such lohnt im alten Kern die Abtei *Santa Maria di Pia.*

Finalborgo liegt 2 km landein-wärts oberhalb der Küstensiedlung und besitzt einen malerischen alten Kern hinter hohen Festungsmauern aus dem 15. Jh. Bunte Historienspek-takel *(www.centrostoricofinale.it)* im Juli und August ziehen Tausende von Besuchern an. Die Kirche *San Biagio* weist ein prachtvolles spätbarockes Inneres auf. Oberhalb des Borgo thront die Burg 〜 *Castel Gavone,* in einem 15-minütigen Spaziergang zu erreichen.

RIVIERA DI PONENTE

SEHENSWERTES

MUSEO CIVICO DEL FINALE

Im Exkonvent Santa Caterina in Finalborgo zeigen die Funde aus den Felshöhlen im Gebiet von Finale, wie diese Grotten in grauer Vorzeit bewohnt waren. *Juli/Aug. Di–So 10–12 und 16–19, Sept.–Juni Di–So 9–12*

LA LOCANDA DI LÒ

In der Altstadt von Finalborgo romantisch auf der Piazza Santa Caterina gelegen. Klein, gut und günstig, deshalb unbedingt reservieren! *Mo und außer Sa/So mittags geschl. | Piazza Santa Caterina 13 | Tel. 019 69 32 02 | €–€€*

Baden bis in den November: Die Ponente ist seit dem 19. Jh. für ihr mildes Klima berühmt

und 14.30–17 Uhr | Piazza Santa Caterina | Finalborgo | www.museoarcheofinale.it

ESSEN & TRINKEN

BUGAMATTA

An der Uferpromenade von Marina kurz vor der zentralen Piazza finden Sie dieses kleine Lokal (reservieren!) mit empfehlenswerter Fischküche. *So geschl. | Via San Pietro 13 | Tel. 019 69 34 52 | €€*

AI TORCHI

In den alten Gemäuern von Finalborgo edle Fischküche und Weine. *Di geschl. | Via dell'Annunziata 12 | Tel. 019 69 05 31 | €€€*

ÜBERNACHTEN

AGRITURISMO LA CA' DELL'ALPE

Lauschig im Wald 10 km landeinwärts gelegen, mit Pferden. Drei Zimmer, zwei Häuschen und Zeltplätze. *Rialto | Via Alpe 10 | Tel.*

Ein Traumpanorama: Jugendherberge in der Burg von Finale Ligure

MEDUSA
Ein hübsches, renoviertes Hotel am Meer, auf Mountainbiker eingestellt. *32 Zi. | Lungomare di Via Concezione | Tel. 019 69 25 45 | Fax 019 69 56 79 | www.medusahotel.it |* €€

OSTELLO DELLA GIOVENTÜ
CASTELLO VUILLERMIN ★ ☼
Die romantisch in einer neogotischen Burg in Finalborgo untergebrachte Jugendherberge mit tollem Panorama zählt zu den schönsten Italiens. *69 Plätze (2- bis 5-Bett-Zimmer) | Via G. Caviglia 46 | Tel./Fax 019 69 05 15 | www.ostellionline.org |* €

PUNTA EST ★ ☼ ☁
Ein Traumhotel in einer alten Villa mit modernem Anbau – schon wegen der Lage auf der östlichen Spitze von Finale Ligure überm Meer. *40 Zi., 5 Apartments | Via Aurelia 1 | Tel./ Fax 019 60 06 11 | www.puntaest. com |* €€€

▰ AM ABEND ▰
Der Abendbummel durch die Shoppinggassen und längs der Uferpromenade führt unweigerlich auf die zentrale Piazza Vittorio Emanuele. Beliebte Cocktailbars fürs junge Publikum sind das *Vanilla Café (Via San Pietro 18)* und das *Café Baquito (Lungomare Italia),* zum Tanzen gehts im Sommer ins *Matisse* im Strandbad *Bagni Atlantic (Lungomare Italia).*

019 68 80 30 | www.agriturismofina leligure.it | €

FLORENZ
Etwas außerhalb mit Garten und Pool, beliebt bei Familien und Sportlern (Biker, Climber). *40 Zi. | Via Celesia 1 | Tel. 019 69 56 67 | Fax 01 96 81 67 69 | www.florenzhotel. com |* €–€€

LETTI AL CASTELLO
Sehr romantisch: drei hübsche B-&-B-Zimmer in den Festungsmauern von Finalborgo mit Garten. *Piazzetta Meloria 4 | Tel. 019 69 50 56 | www. lettialcastello.it |* €

▰ AUSKUNFT ▰
Via San Pietro 14 | Tel. 019 68 10 19 | Fax 019 68 18 04 | www.finaleligu re.net

RIVIERA DI PONENTE

■ ZIELE IN DER UMGEBUNG ■

ALTOPIANO DELLE MANIE [122 C5]

Von Finalpia aus geht es hinauf auf die naturgeschützte Hochebene der Manie (8 km), mit Wiesen voller Blumen und Kräuter, Wäldern aus Eichen und Lärchen und Grotten ein beliebtes Biker- und Wandergebiet mit ländlichen Ausflugslokalen, z. B. die *Osteria della Briga (Mo–Do geschl. | Tel. 019 69 85 79 | €)*. Flankiert wird die Hochebene vom Tal *Val Ponci,* berühmt für fünf gut erhaltene römische Brücken.

BORGIO VEREZZI, PIETRA LIGURE UND LOANO [122 B–C6]

Die Gemeinde *Borgio Verezzi* (2200 Ew.) setzt sich zusammen aus einem kleinen Küstenflecken südlich des Felskaps Capo di Caprazoppa vor Finale Ligure und ein paar malerischen Weilern in den ersten Anhöhen, wie Borgio und Verezzi, beliebte Ausflugsziele wegen ihrer guten Trattorien, in Borgio vor allem *Dâ Casetta (Di und außer Sa/So mittags geschl. Tel. 019 61 01 66 | €€)*. Besuchen Sie die Tropfsteinhöhlen *Grotte di Borgio (Di–So Führungen um 9.30, 10.30, 11.30, 15, 16, 17 Uhr | www. grottediborgio.it)* mit ihren unterirdischen Seen. Viele Ausflugsgäste kommen aus den südlich gelegenen Badeorten *Pietra Ligure (www.piet raligure.net)* und *Loano.* Beide Orte haben gepflegte Strände und farbige, zum Bummel einladende Ortskerne. In Loano lädt die gut ausgestattete, familienfreundliche Ferienanlage *Loano 2 Village (90 Zi., 25 Apartments | Via Alpini 6 | Tel. 01 96 79 11 | Fax 019 67 17 65 | www.loano2vil lage.it | €€)* zum Bleiben ein.

NOLI UND SPOTORNO [123 D5]

Ein echtes Juwel ist ★ *Noli:* Das nahezu intakte mittelalterliche Städtchen (3000 Ew.) schmiegt sich 10 km nordöstlich in eine Bucht mit Strand vor dem Bergbuckel des Capo Noli. Türme, niedrige Arkaden, eine hochromantische Burgruine und vor allem die eindrucksvolle Kirche *San Paragorio* aus dem 11. Jh. zeugen von der einstigen Bedeutung Nolis, das im Mittelalter eine freie Hafenstadtrepublik war. Auf Noli folgt einer der größten Badeorte der Ponente, *Spotorno (www.spotorno.it),* mit schöner, bunter Altstadt am langen Sandstrand. Der nördlichen Felsküste ist das naturgeschützte Inselchen *Bergeggi* vorgelagert.

TOIRANO [122 B6]

Vom 10 km südlich gelegenen Borghetto Santo Spirito geht es hinauf nach Toirano, Ziel sind die berühmten Tropfsteinhöhlen (s. Kapitel „Mit Kindern reisen").

Insider Tipp

VARIGOTTI [122 C6]

Ernest Hemingway liebte Varigotti mit seiner zauberhaften Front der bunten ehemaligen Fischerhäuser direkt am Kiesstrand. Gleich hinter dem Yachthafen von Finale Ligure kommt das 1000-Seelen-Dorf mit seinem beschaulichen Kern aus maurisch anmutenden Häusern. Seine Exklusivität bezeugen Adressen wie das edel renovierte *Al Saraceno (21 Zi | Via al Capo 2 | Tel. 01 96 98 81 82 | Fax 01 96 98 81 85 | www.varigotti.alsaracenogroup.com | €€–€€€)* mit Restaurantterrasse zum Meer. Die Feinschmecker kommen fürs *Ristorante Muraglia – Conchiglia d'Oro (Mi, Okt.–Mai auch Di geschl. | Via Aurelia 133 | Tel. 019 69 80 15, €€€ | auch 6 Zi., €).*

IMPERIA

[121 E5] Zwei recht verschiedene Ortsteile bilden seit 1923 die Gemeinde Imperia (41 000 Ew.). Hier verlief die Grenze zwischen der Republik Genua und dem Staat der Savoyer aus Turin: Die schöne Altstadt von Porto Maurizio auf dem Hügel mit dem stattlichen neoklassizistischen Dom San Maurizio nennt sich Parasio nach dem ehemaligen Gouverneur Genuas. *Oneglia,* einst der Vorposten Turins, zeigt sich heute in durch Industrie ziemlich zersiedeltem Gewand, doch der kleine ▶▶ Hafen ist immer noch sehr aktiv, hier hat sich eine regelrechte Restaurantszene entwickelt. In *Porto Maurizio* hingegen trifft sich die Surferszene beim Sporthafen an der wunderschön feinsandigen ▶▶ *Spiaggia d'Oro,* und im gleichnamigen Jugendstil-Badepavillon trinkt man den Sundowner.

SEHENSWERTES

MUSEO NAVALE INTERNAZIONALE DEL PONENTE LIGURE

Schiffsmodelle, Navigationsinstrumente und Karten geben Einblick in die einstige Schifffahrt zwischen der ligurischen Ponente und dem Rest der Welt. *Mi und Sa 15–19, Juli/Aug. 21–23 Uhr | Piazza del Duomo | Porto Maurizio*

MUSEO DELL'OLIVO

Beim bekannten Olivenölproduzenten Fratelli Carli sieht man, wie das köstliche Öl entsteht. Mit schönem Garten. *Mo–Sa 9–12.30 und 15 bis 18.30 Uhr | Via Garessio 11 | Oneglia | www.museodellolivo.com*

ESSEN & TRINKEN

AGRODOLCE

Kreative Küche am Fischerhafen von Oneglia. *So-Mittag und Mi geschl. | Via Des Geneys | Tel. 01 83 29 37 02 | www.ristoranteagrodolce.it | €€€*

OSTERIA DAI PIPPI

Winzige Trattoria mit schmackhaften Stockfischrezepten beim Sporthafen von Porto Maurizio. *Di und mittags*

In Imperias Hafen recken sich neben Palmen auch Kräne dem Azur entgegen

geschl. | *Via dei Pellegrini 9 | Tel. 01 83 65 21 22 | €–€€*

■ ÜBERNACHTEN ■

RELAIS SAN DAMIAN

Im ländlichen Hinterland Imperias zwischen Olivenhainen oberhalb von Dolcedo zehn geschmackvolle Suiten mit Pool; deutscher Besitzer. *Strada Vasia 47 | Tel. 01 83 28 03 09 | Fax 01 83 28 05 71 | www.san-damian.com | €€*

■ AUSKUNFT ■

Viale Matteotti 37 | Tel. 01 83 66 01 40 | Fax 01 83 66 65 10 | infoimperia@ rivieradeifiori.org

■ ZIELE IN DER UMGEBUNG ■

CERVO [121 E4]

Bougainvillea über schmiedeeisernen Pforten, ein Kastell – Sitz des interessanten Bauern- und Handwerksmuseums *Museo Etnografico del Ponente Ligure (Sa–Do 9–12.30 und 15.30–18.30 Uhr)* –, mittelalterliche Gassen und Treppen bis hinunter an die Küstenstraße, eine alles überragende, prachtvolle Barockkirche, die einfallsreiche Küche des Restaurants (auch zwei elegante Suiten) *San Giorgio (Mo-Abend und Di geschl. | Via Volta 19 | Tel. 01 83 40 01 75 | www. ristorantesangiorgio.net | €€–€€€)* sowie ein renommiertes Sommerfestival der Kammermusik *(www.cervo. com/festival.php)* ergeben ein absolut lohnendes Ausflugsziel (1300 Ew.) an der Ponenteküste 10 km nordöstlich von Imperia. Auskunft: *Piazza Santa Caterina 2 | Tel. 01 83 40 81 97 | infocervo@rivieradeifiori.org*

DIANO MARINA [121 E5]

An Cervo schließen sich die modernen Badeorte San Bartolomeo al Mare und das vor allem bei Deutschen, Jugendlichen und Reiseveranstaltern beliebte Diano Marina mit schmalem, flachem, endlosem Sandstrand an. Eukalyptusbäume, Pinien und Palmen säumen die Straßen, Gemüse- und Obstanbau kennzeichnen das flache Hinterland. Es gibt jede Menge Hotels und Ferienwohnungen, z. B. die Apartmentanlage *Villa Marina (Via G. Ardoino 60 | Tel. 01 83 40 26 46 | Fax 01 83 40 28 42 | www.villamarina.it | €–€€)* mit 30 Apartments direkt am Strand, und ein großes Sport- und Unterhaltungsangebot. Im Mai/Juni, zum Fronleichnamsfest, bedecken den Asphalt Millionen von zu kunstvollen Mustern gelegten Blüten.

Insider Tipp

Das 7 km landeinwärts gelegene Dorf *Villa Faraldi* bildet die stimmungsvolle Kulisse für ein renommiertes Theater- und Musikfestival im Juli *(www.comune.villa-faraldi.im.it)*. Bei allen Urlaubswünschen hilft das Fremdenverkehrsamt *(Corso Garibaldi 60 | Tel. 01 83 49 69 56 | Fax 01 83 49 43 65 | www.golfodidiana.it)*.

Insider Tipp

Die sommerliche Danceszene trifft sich in der Diskothek ▶▶ *Tango Club* am Pier *Molo Landini* (hier auch die beliebte Diskobar *Querida*) oder im Dauerbrenner *Sortilegio (Via Mortula, im Sommer am Molo delle Tartarughe)*.

SAN REMO

[120 C6] ⭐ Einst Inbegriff der mondänen Belle-Époque-Gesellschaft, die sich Anfang des 20. Jhs. in San Remo im Spielkasino und in den prachtvollen Hotels traf, lebt die Stadt (56 000 Ew.) heute von gediegenem Massentourismus und als Kapitale der Riviera dei Fiori von der Schnittblumenindustrie. Geblieben sind schöne Gärten, ein paar stattliche alte Villen und Hotelbauten, die orthodoxe Kirche mit Zwiebeltürmchen der russischen Aristokratie, einst Stammpublikum San Remos, sowie der mäch-

Seit 100 Jahren lockt San Remo mit seinem Spielkasino und Luxushotels wie dem Royal

tige Kasinobau, das Wahrzeichen der Stadt.

Einmal im Jahr rückt San Remo auch heute noch ins TV-Rampenlicht der Eurovision, wenn es Ende Februar zum Schauplatz des italienischen Schlagerfestivals wird, das die Italiener für eine Woche wie kaum ein anderes Ereignis vor die Mattscheibe bannt. In San Remo selbst ist dann besonders viel los, Nachtschwärmer und Musikfreunde kommen voll auf ihre Kosten. Im November sind die anspruchsvolleren Liedermacher an der Reihe, beim *Festival Premio Tenco* (*www.clubtenco.org*).

San Remo hat richtig städtisches Flair, dazu gehören Parkanlagen, Verkehr, Alleen und mit dem Corso Matteotti eine lange Bummelmeile, an der sich im Schaufenster ans andere reiht. Im Westteil der Stadt finden sich noch alte Prachthotels und Villen (z. B. die Villa des Dynamiterfinders Alfred Nobel) in üppigen Parks sowie das Kasino. Im Norden erhebt sich die mittelalterliche Altstadt, La Pigna genannt, ein Gassenlabyrinth, das den Aufstieg lohnt.

■ SEHENSWERTES ■

KATHEDRALE SAN SIRO

Ende des 19. Jhs. hat man diese spätromanische, dreischiffige Pfeilerbasilika von ihrer Barockisierung befreit. Zwei Kreuzigungen beeindrucken im Innern.

MADONNA DELLA COSTA ☀

Einen tollen Überblick über San Remo hat man vom Hügel dieser Wallfahrtskirche. Ursprünglich aus dem 14. Jh., präsentiert sich der im Innern prachtvoll mit Stuck und Marmor ausstaffierte Tempel heute im Gewand des 17./18. Jhs. Man erreicht ihn über eine schattige Allee bzw. die Gartenanlage Giardini Regina Elena oberhalb der Altstadt.

MONTE BIGNONE ☀

Einst führte eine Seilbahn auf den 1299 m hohen Hausberg San Remos. Heute erreicht man den Gipfel mit dem Auto, mit dem Bus (von der Piazza Colombo) oder zu Fuß.

MUSEO CIVICO

Im manieristisch-barocken Palazzo Borea d'Olmo sind das Stadtmuseum, das Funde zur Frühgeschichte und Antike im Raum San Remo zeigt, sowie eine Sammlung ligurischer Malerei aus dem 17.–19. Jh. untergebracht. *Di–Sa 9–12 und 15 bis 18 Uhr | Via Matteotti 143*

■ ESSEN & TRINKEN ■

ARMONIA

Besonders schmackhafter Mittagstisch im Golfclub *Circolo degli Ulivi* im oberen Stadtteil San Giacomo. *Di geschl. | Via Golf 59 | Tel. 01 84 55 74 42 | €*

CAFÉ PER MARE ▶▶

Angesagter, schicker Treffpunkt am Porto Vecchio von morgens bis spätabends zu Cappuccino, Drinks, Essen. *Tgl. | Via Nazario Sauro 42/44 | Tel. 01 84 50 37 55 | www.cafepermare.it | €€*

NUOVO PICCOLO MONDO

Typisch ligurische Küche im Zentrum mit viel Gemüse, leckeren Nudelgerichten, Fischsuppe, Kaninchenbraten. *So/Mo geschl.* | *Via Piave 7* | *Tel. 01 84 50 90 12* | €

PAOLO E BARBARA
Eines der Toprestaurants an der italienischen Riviera mit exzellenter Küche und Weinen zu stolzen Preisen. *Mi/Do geschl.* | *Via Roma 47* | *Tel. 01 84 53 16 53* | €€€

EINKAUFEN
Einkaufsstraßen sind die *Via Corradi* und vor allem die Hauptmeile *Corso Matteotti*, ein Shoppingdorado. Am Samstag ist Wochenmarkt mit vielen günstigen Klamottenständen.

ÜBERNACHTEN
APRITI SESAMO
Hier kann man im 9 km entfernten Künstlerdorf Bussana Vecchia wohnen und abends auf Vorbestellung gut essen (vegetarisch und frischen Fisch). *3 Zi.* | *Via alla Chiesa* | *Tel./Fax 01 84 51 00 22* | *www.ristorantenaturale.it* | € – €€

BELSOGGIORNO ♫
Gut zu jeder Jahreszeit; hübsch und gepflegt, mit Parkplatz. *43 Zi.* | *Corso Matuzia 41* | *Tel. 01 84 66 76 31* | *Fax 01 84 66 74 71* | *www.belsoggiorno. net* | € – €€

ROYAL ♫
Wenn schon, denn schon: traditionsreiches Luxushotel mit Wellnessabteilung. *140 Zi.* | *Corso Imperatrice 80* | *Tel. 01 84 53 91* | *Fax 01 84 66 14 45* | *www.royalhotelsanremo.com* | €€€

CAMPING VILLAGGIO DEI FIORI
Ein schattiger Campingplatz mit Bungalows am Meer, ganzjährig geöffnet. *Via Tiro a Volo 3* | *Tel. 01 84 66 06 35* | *Fax 01 84 66 23 77* | *www.villaggiodeifiori.it*

AM ABEND
GOHÀ
Hier steigen im Februar die besten Diskofeste während des Schlagerfestivals *(Via Matteotti 178)*; Open-Air-Location im Sommer: *Via Tiro a Volo 11*

SPIELKASINO
Im kitschig-steifen Jugendstil des Kasinos von 1906 traf sich einst die europäische Noblesse. Obschon heute sehr viel profaner, geht es aber nach wie vor um Spiellust und -qual. *Der Saal mit den Slotmaschinen öffnet um 10 Uhr, die Spielsalons um 14.30 Uhr* | *Corso degli Inglesi 18* | *www.casinosanremo.it*

VICTORY MORGANA BAY
In dieser an eine elegante Yacht erinnernden Rotunde über dem Meer trifft man sich zum Cappuccino, zur Happy Hour, zu sehr guten Cocktails, zu Fisch- und Fusionküche und zu DJ-Musik. *Corso Trento e Trieste 16* | *www.victorymorganabay.it*

AUSKUNFT
Largo Nuvoloni 1 | *Tel. 018 45 90 59* | *Fax 01 84 50 76 49* | *www.riviera deifiori.org*

ZIEL IN DER UMGEBUNG
VALLE ARGENTINA [120 C4–5]
Ein klassisches Ausflugsziel von San Remo aus ist die Fahrt ins Tal des Flusses Argentina mit dem stimmungsvollen mittelalterlichen Städtchen Taggia. Eine genaue Beschrei-

bung des Ausflugs finden Sie im Kapitel „Ausflüge & Touren".

SAVONA

[123 D4] Mit etwa 66 000 Ew. ist Savona die drittgrößte Stadt Liguriens und dank der weit vorragenden Felsspitze als Hafen seit jeher bestens geeignet. Ziemlich

■ **SEHENSWERTES** ■

DOM SANTA MARIA ASSUNTA

Schweres Marmordekor, typisch für die Entstehungszeit (16./17. Jh., die Fassade stammt aus dem 19. Jh.), kennzeichnet die Kathedrale. Achten Sie auf das schöne Chorgestühl (1515). Durch den Kreuzgang mit 21 Heiligenfiguren aus Marmor gelangt

Einst Kerker, hat heute die Kultur Einzug in die Festung Priamar gehalten

hässliche Industrieanlagen und moderne Zersiedelung locken auf den ersten Blick nicht gerade zum Besuch, dennoch: Stattliche Boulevards des 19. Jhs. wie Via Paleocapa und Corso Italia laden zum Bummeln ein, nette Läden säumen die Altstadtgasse Via Pia. Und ums Hafenbecken reihen sich Restaurants und Cafés. Das alles beherrscht zum Meer hin die gewaltige Festung Priamar.

man in die Sixtinische Kapelle, ursprünglich aus dem 15. Jh., heute in überschwänglichem Rokoko. *Piazza Duomo*

FORTEZZA PRIAMAR

Ein mächtiges Beispiel der Militärarchtitektur der Renaissance – Genua ließ die Festung am Meer 1542 für eine Garnison errichten. Heute beherbergt sie Ausstellungen, Kulturveranstaltungen und das *Archäologische Museum (Di–So 10–12.30 und 15–17, Juni–Sept. nachmittags 17 bis 19 Uhr | www.museoarcheosavona. it)* im Palazzo della Loggia. In der Festung befindet sich außerdem die *Sammlung des ehemaligen Staatspräsidenten Sandro Pertini (Sa/So*

Ein Keramikmekka: Albisola Superiore

10–12 Uhr) mit Werken bedeutender italienischer Künstler wie Guttuso, Morandi, Vedova, Messina. *Corso Mazzini 1*

PINACOTECA CIVICA

Ligurische Malkunst von 13.–18. Jh., feine Keramik, moderne Meister wie Giorgio De Chirico und Pablo Picasso, das alles wunderschön untergebracht im Palazzo Gavotti. *Mo, Mi,*

Fr 8.30–13, Di, Do 14–19, Sa 8.30 bis 13 und 15.30–18.30, So 10–13 und 15.30–18.30 Uhr, Juli/Aug. Sa auch 20–23 Uhr | Piazza Chabrol 2

ESSEN & TRINKEN
BACCO

Muntere Osteria in Hafennähe. Probieren Sie den Fischeintopf *buridda!* So geschl. | *Via Quarda Superiore 17 r | Tel. 019 83 35 35 05 | www.os teriabacco.it |* €€

ÜBERNACHTEN
MARE HOTEL 🎵

Wer komfortabel wohnen, sich im Pool oder am schicken hauseigenen Strand erfrischen und im eleganten Restaurant *A Spurcacciun-a (Mi geschl. |* €€€*)* frische Meeresfrüchte essen möchte, der ist hier richtig. Etwas außerhalb. *65 Zi. | Via Nizza 89 r | Tel. 019 26 40 65 | Fax 019 26 32 77 | www.marehotel.it |* €€

AUSKUNFT

Im Rathaus (Corso Italia 157 r) | Tel. 01 98 40 23 21 | Fax 01 98 40 36 72 | www.inforiviera.it, www.comune.sa vona.it

ZIELE IN DER UMGEBUNG
ALBISSOLA MARINA UND
ALBISOLA SUPERIORE [123 D4]

Die beiden Gemeinden 3 km östlich bilden ein zusammengewachsenes, ziemlich städtisches Siedlungsgebiet. ★ Keramik, Keramik, Keramik: Hier verweist alles auf die jahrhundertelange Tradition der Keramikherstellung, Geschäfte, Werkstätten, Häuserdekor, Promenadenpflaster, Parkskulpturen und in Albisola Superiore das *Museo della Ceramica*

Manlio Trucco (Wiedereröffnung im Sommer 2008, Öffnungszeiten bei Redaktionsschluss noch nicht festgelegt | Corso Ferrari 193). Eine Keramiksammlung des 20. Jhs. zeigt in Albissola Marina das Fabrikmuseum *Fabbrica Casa Museo Mazzotti (Mo–Sa 10–12 und 16–18 Uhr | auf Wunsch Führungen durch die Fabrik | Viale Matteotti 29 | www.gmazzotti1903.it/museo).*

Einen Besuch lohnt in Albissola Marina die *Villa Durazzo-Faraggiana (März–Sept. Di–So 15–19 Uhr | Via Salomoni 117)* in schönem Park, ein Anwesen aus dem 18. Jh., das – neben Keramik – zeigt, in was für einem luxuriösen Ambiente die ligurische Aristokratie einst lebte.

Im Sommer trifft man sich in den Beachlokalen von Albissola Marina, etwa im *Mivida Golden Beach* am Lungomare und im Beachclub *L'Ultima Spiaggia (Passeggiata Eugenio Montale 44 | www.lultimaspiaggia. eu)* in Albisola, der im Ranking der italienischen Strandlokale ganz oben steht.

ARENZANO [123 F3]

Schon nah an Genua an einem Kiesstrand gelegen, lockt der Küstenort (11 500 Ew.) mit einem lebhaften Kern voller Läden, Cafés und Restaurants. Höhepunkt des Bummels ist der zauberhafte *Stadtpark* um die Rathausvilla *Negrotto Cambiaso* mit einem Brunnen, in dem sich Schildkröten tummeln.

Ein besonderer Speisetipp im benachbarten *Cogoleto* ist die saftige Fleischküche in der Metzgerei mit Esstischen *Macelleria U Caruggiu du Maxellu (So und mittags geschl. | Via Colombo 52 | Tel. 01 09 18 32 78 | €€).* **Insider Tipp**

CELLE LIGURE [123 E4] **Insider Tipp**

Der Badeort (5500 Ew.) 5 km nordöstlich mit langem Strand hat einen besonders hübschen älteren Kern: Vanille-, zimt, erdbeer-, pfirsich- und zi-

> BLOGS & PODCASTS
Gute Tagebücher und Files im Internet

> *www.holidaycheck.de* – im Reiseforum ein paar Fotos, Beiträge und Hotelbewertungen zu Ligurien

> *www.yabadu.de* – kostenpflichtiges Reiseportal für Wandertouren, sehr viele Beschreibungen zu Wegen durch Ligurien, mit Fotos illustriert

> *www.mtb-news.de/forum* – Reisetipps und Erfahrungsaustausch für Biker, die sich für Touren im Gebiet von Finale Ligure interessieren

> *www.podster.de/episode/316024*– ein Radiobericht übers Wandern abseits der Trampelpfade in den Cinque Terre

> *it.youtube.com* – dann im Suchfeld („cerca") „Genova, Portofino, Camogli" eingeben: Videocast aus der Vogelperspektive über Genua, die Halbinsel von Portofino und Camogli, Kommentar auf Italienisch, aber die Bilder sind phantastisch!

Für den Inhalt der Blogs & Podcasts übernimmt die MARCO POLO Redaktion keine Verantwortung.

tronenfarbene Fassaden schauen aufs Meer. Alles macht einen gepflegten Eindruck, mit üppigen Bepflanzungen und sauberen, feinsandigen Stränden. Ein angenehmes Hotel in Meernähe ist das *Flora (36 Zi. | Via Monte Tabor 47 | Tel. 019 99 02 32 | Fax 019 99 34 50 | www.htlflora.com | €).*

VARAZZE [123 E4]

Das Küstenstädtchen knapp 10 km nordöstlich – sehr touristisch mit großem Yachthafen und gutem Wassersportangebot – ist uralt; seinen einstigen Reichtum hatte es als bedeutendes Werftzentrum erlangt. Die Altstadt mit vielen alten Kirchbauten lädt zum Bummel ein.

VENTIMIGLIA

[120 B6] Eine typische Grenzstadt mit viel Durchgangsverkehr, die Franzosen kommen in Scharen von der teuren Côte d'Azur zum Einkaufen, vor allem am Freitag zum Wochenmarkt, einem der reichhaltigsten Italiens. Westlich des Flusses Roja steigt der Altstadthügel an, Brücken verbinden die wenig attraktive Neustadt mit dem sehenswerten alten Kern. Pluspunkte sind Sehenswürdigkeiten in der Umgebung wie ein römisches Theater und frühhistorische Grotten sowie die Nähe zu Frankreich.

■ SEHENSWERTES

MUSEO ARCHEOLOGICO GIROLAMO ROSSI

Die einstige Savoyerfestung Forte dell'Annunziata beherbergt Fundstücke aus der römischen Zeit Ventimiglias. *Di–Sa 9–12.30 und 15–17, So 10–12.30 Uhr | Via Verdi 41 | www.fortedellannunziata.it*

■ ESSEN & TRINKEN

BAIA BENIAMIN

Ein teurer Spaß, aber Labsal für Seele und Sinne: sehr gute Küche wunderschön an einer kleinen Bucht direkt überm Meer. *So-Abend und Mo geschl. | auch 5 Zi. | Ortsteil Grimaldi Inferiore | Corso Europa 63 | Tel. 018 43 80 02 | www.baiabeniamin.it | €€€*

RISTORANTE NANNI

Nach dem Marktbesuch die richtige Adresse zur Mittagseinkehr: im Zentrum nahe beim Meer klassische Pasta- und Fischküche. *Mo und außer Juli–Sept. abends geschl. | Via Milite Ignoto 3 | Tel. 01 84 43 32 30 | €–€€*

■ ÜBERNACHTEN

ROMANTIC CASA LORENZINA ☀

Phantastische Lage oberhalb der Via Aurelia im Ortsteil Villa Inferiore, geschmackvoll eingerichtet mit herrlicher Frühstücksterrasse. *4 Zi. | Corso Toscanini 30 | Tel. 34 71 61 10 45 | www.casalorenzina.it | €€*

SOLE MARE

An der Uferpromenade ein freundliches, frisches Haus mit schmackhafter Nudelküche *(Mo geschl. | €). 28 Zi. | Passeggiata Marconi 22 | Tel. 01 84 35 18 54 | Fax 01 84 23 09 88 | www.hotelsolemare.it | €–€€*

■ AUSKUNFT

Via Cavour 61 | Tel./Fax 01 84 35 11 83 | infoventimiglia@ rivieradeifiori.org

Die Altstadt von Ventimiglia erhebt sich auf einem Hügel über der Roja

■ ZIELE IN DER UMGEBUNG ■

BALZI ROSSI [120 A6]

In den insgesamt neun *Grimaldi-Grotten* direkt am Meer vermitteln zahllose prähistorische Wandzeichnungen, wie die Menschen in der mittleren und älteren Steinzeit gelebt und gedacht haben. Sehenswert ist darüber hinaus das *Museo Preistorico dei Balzi Rossi (Di–So 8.30 bis 19.30 Uhr | Grotten bis 1 Std. vor Sonnenuntergang und nur bei gutem Wetter | www.archeologia.beniculturali.it).*

DOLCEACQUA [120 B5]

Um die 10 km nördlich gelegene, malerische Festungsstadt (Ruine einer Doria-Burg) wächst der beste ligurische Rotwein, der Rossese di Dolceacqua. Ein Einkaufs- und Ferientipp 8 km weiter nördlich ist *Agriturismo Terre Bianche (Tel. 018 43 14 26 | Fax 018 43 12 30 | www.terrebianche.com | €€)* im Ortsteil *Arcagna.* Hier kann man Wein und Olivenöl kaufen und zwischen acht netten Zimmern wählen.

GIARDINI BOTANICI HANBURY ★ [120 A6]

Angehende Gärtner und Botaniker reißen sich um ein Praktikum in diesem Pflanzenparadies, einer einzigartigen Mischung aus mediterraner und exotischer Vegetationspracht aus Asien, Lateinamerika, Afrika. Das Klima dieser Ecke Liguriens hat das möglich gemacht sowie die Gartenleidenschaft der Brüder Thomas und Daniel Hanbury aus England, die diesen Traumgarten, einen der berühmtesten Italiens, ab 1867 anlegten. *Okt.–März Do–Di 9.30–16, April–Mitte Juni Di–Do 10–17, Mitte Juni–Sept. tgl. 9.30–18 Uhr | www.amicihanbury.com | Corso Montecarlo 43 | La Mortola*

> AN DER KÜSTE DER SCHROFFEN FELSEN

Paradiesbuchten und romantische Klippendörfer
vor wild bewegter Bergkulisse

> Östlich von Genua beginnt die Riviera di Levante, die Küste der aufgehenden Sonne. Sie lockt mit Buchten, die sich Golfo Paradiso nennen: der paradiesische Golf vor Camogli.

Oder Baia delle Favole, die märchenhafte Bucht, und Baia del Silenzio, die stille Bucht: Das sind die beiden Buchten, die den Felssporn von Sestri Levante flankieren. Der Golfo dei Poeti, der Golf der Dichter, ist nach den romantischen Schöngeistern im 19. Jh. wie Lord Byron, Percy B. Shelley und John Keats benannt, die der Zauber des Küstenstreifens unterhalb von Lerici in Bann schlug.

Im Vergleich zur flacheren, weitläufigeren Riviera di Ponente mit ihren langen Sandstränden bietet die Riviera di Levante ein ganz anderes Bild: Sehr viel steiler, unzugänglicher, unregelmäßiger fällt hier der Apennin ins Meer. Manchen Ort-

Bild: Rapallo

RIVIERA DI LEVANTE

schaften bleibt nur der Küstensaum von ausgefransten Felsspornen oder eine Reihe winziger Einbuchtungen, in die sie sich drücken. Diese Enge schützt sie indes auch vor moderner Zersiedelung und Massentourismus.

Über die Bergrücken und Küstenkämme ziehen sich herrliche, gut ausgeschilderte Wanderwege durch üppige immergrüne Wälder, Buschlandschaften, Weinterrassen, Olivengärten. Dabei schweift der Blick im-

mer wieder über die bewegte Küste und das glitzernde Meer.

Die Riviera di Levante beginnt in Nervi, diesem einst berühmten Villenort, in den im 19. Jh. Europas Könige und Literaten zur Sommerfrische fuhren und den sich heute längst die östliche Peripherie Genuas einverleibt hat. Lassen Sie sich davon nicht abschrecken, kommen Sie zur Rosenblüte in den herrlichen Stadtpark von Nervi mit seinen Villenmu-

CAMOGLI

seen voller Schätze einstiger Lebenskultur. Vor allem aber: Spazieren Sie über die ❧ kilometerlange Klippenpromenade, die berühmte *Passeggiata Anita Garibaldi,* eingeschnitten in die Felsküste, an der das Meer hochschäumt, mit atemraubendem Weitblick auf dieses wunderschöne Küstenrelief: Das ist genau die rich-

den: Das Küstenstädtchen (5900 Ew.) bezaubert mit seiner Häuserfront, die sich am Strand in engem Schulterschluss auftürmt. Hier sind es keine geduckten, schmalen Fischerhäuschen, sondern stattliche Häuser mit hoch aufgeschossenen Fassaden in wunderschönen Farben. Die zusätzlich im Trompe-l'Œil-Stil aufgemal-

Markant: die Front der hoch aufgeschossenen Häuser an Camoglis Strand

tige Stelle, um sich einzustimmen auf eine Reise entlang der Riviera di Levante.

CAMOGLI

[124–125 C–D5] ⭐ Camogli, am Golfo Paradiso vor der Kulisse der Halbinsel von Portofino gelegen, ist längst kein Geheimtipp mehr, dazu ist es für viel zu viele der (teure) Lieblingsort an der Levante geworden

ten Fenster unterstreichen den urbanen Wohncharakter.

Viele Mailänder haben heute hier ihre Ferienwohnung, möglichst mit Panoramabalkon aufs Meer und den gepflegten Kieselstrand. Diese Kieselsteine sind auf vielen Gassen und dem Kirchvorplatz zu schönen Pflastermustern gelegt. Von Camogli geht es in die Dörfer Ruta und in das herrlich gelegene San Rocco, Ausgangs-

> *www.marcopolo.de/ligurien*

punkt für ❄ Wanderungen an die Landspitze Punta Chiappa, über den Bergrücken des Parco Naturale del Monte Portofino und in die Bucht mit dem Kloster San Fruttuoso.

SEHENSWERTES

HAFEN

Die Kaimauer der kleinen, beschaulichen Hafenanlage mit bunten Fischerbooten stammt noch aus dem 17. Jh.; vom Strand trennt ihn ein Felsen, auf dem sich das mittelalterliche *Castello Dragone* sowie die trutzige Pfarrkirche mit prachtvollem Innern (13./18. Jh.) erheben. Vom Hafen starten Ausflugsboote nach San Fruttuoso, Portofino, in die Cinque Terre etc.

SANTUARIO DEL BOSCHETTO

Auf dem Weg nach Ruta kommt man durch den Ortsteil Boschetto mit der Marienkirche Nostra Signora del Bo-

schetto (17. Jh.); hier lohnt die Sammlung von anrührenden Exvoto-bildern einen Blick.

ESSEN & TRINKEN

LA CUCINA DI NONNA NINA ❄

Den Ausflug ins 6 km oberhalb gelegene Panoramadorf San Rocco krönen die leckeren Gemüsetorten im lauschigen Garten. *Mi geschl.* | *Via Molfino 126* | *Tel. 01 85 77 38 35* | €€

HOSTARIA DEL PESCE

Dieses hübsche Lokal oberhalb des Hafens erfreut mit frischer Fischküche. *Do geschl.* | *Via Schiaffino 5* | *Tel. 01 85 77 50 68* | *www.hostaria delpesce.com* | €€

LA ROTONDA ❄

Am *lungomare* mit Terrasse zum Strand, Fleisch, Fisch, *focacce* und Pizza. *Di geschl.* | *Via Garibaldi 101* | *Tel. 01 85 77 45 02* | € – €€

MARCO POLO HIGHLIGHTS

⭐ Museo Amedeo Lia
Hochkarätige Gemälde in einem restaurierten Konvent in La Spezia (Seite 62)

⭐ Camogli
Besonders eindrucksvoll: die typisch ligurische, bunte Fassadenphalanx (Seite 52)

⭐ Baia del Silenzio
Die feinsandige „Bucht der Stille" in Sestri, gerahmt von stattlichen Palazzi (Seite 59)

⭐ San Fruttuoso
Eine schöne mittelalterliche Abtei in traumhafter Bucht (Seite 71)

⭐ Samtwerkstätten in Zoagli
Zuschauen, wie heute noch Samt und Seide mit der Hand gemacht werden (Seite 60)

⭐ Basilica San Salvatore dei Fieschi
Eine der schönsten mittelalterlichen Kirchen Liguriens in toller Lage (Seite 57)

⭐ Portofino
Allein der Blick ist einen Abstecher wert (Seite 69)

⭐ Stelen aus der Lunigiana
Geheimnisvolle Steinfiguren im Archäologischen Museum von La Spezia (Seite 62)

■ ÜBERNACHTEN ■

LA CAMOGLIESE

Eine nette Ferienpension in Strandnähe; ein paar Häuser weiter das dazugehörige Restaurant *(Mi geschl.). 21 Zi. | Via Garibaldi 55 | Tel. 01 85 77 14 02 | Fax 01 85 77 40 24 | www.lacamogliese.it | €–€€*

CENOBIO DEI DOGI

Das „Dogenkloster" ist ein Hotel der Luxusklasse mit Terrasse und Park zum Meer hin. *107 Zi. | Via Cuneo 34 | Tel. 01 85 72 41 | Fax 01 85 77 27 96 | www.cenobio.it | €€€*

PORTOFINO KULM

In Ruta in toller Lage hoch über Camogli genießen die Gäste eleganten Rivieracharme. *77 Zi. | Ruta | Viale Bernardo Gaggini 23 | Tel. 01 85 73 61 | Fax 01 85 77 66 22 | www.portofinokulm.it | €€–€€€*

LOCANDA TRE MERLI ≈

Fünf geschmackvoll gestylte Zimmer am Fischerhafen; mit Wellnessabteilung. *Via Scalo 5 | Tel. 01 85 77 67 52 | Fax 01 85 77 75 23 | www.albergo hotelcamogli.it | €€*

■ AUSKUNFT ■

Via XX Settembre 33 | Tel./Fax 01 85 77 10 66 | www.prolococamo gli.it

■ ZIELE IN DER UMGEBUNG ■

PIEVE LIGURE [124 C4–5]

Pieve Ligure, mit seinem alten Ortsteil ⚘ Pieve Alta 6 km westlich hoch über dem felsigen Küstensaum gelegen, verdankt die frühe Mimosenblüte (ihr zu Ehren ein Fest Anfang Februar) seinem extrem milden Klima. Und wilde Orchideen blühen auf den Bergwiesen des nahen ⚘ *Monte di Santa Croce,* zu dem ein Wanderweg hinaufführt. Von dessen Spitze (518 m) starten die Paraglider ihren Flug über die Küste.

PUNTA CHIAPPA ⚘ [124 C5]

Auf diese wunderbar gelegene Landspitze der Halbinsel von Portofino lässt es sich bequem von Camogli über einen Küstenweg wandern; oder man lässt sich mit den im Sommer häufig verkehrenden Fährbooten herbringen. Schön und ein wenig altmodisch wohnen Sie im auf Klippen klebenden *Stella Maris (15 Zi. | Via*

> DAS GROSSE BRUTZELN
Die Megafritteuse im Hafen von Camogli

Man kann es kaum glauben, muss es einfach mal gesehen haben: In der größten Pfanne der Welt – 4 m im Durchmesser und mit einem stattliche 6 m langen Pfannenstiel – werden 1000 kg in der Nacht zuvor gefangen Fische und Meeresfrüchte in 1000 l siedendem Öl frittiert. Daran essen sich am zweiten Maiwochenende mindestens 10 000 Menschen satt – im Namen von San Fortunato, dem Schutzpatron von Camogli, dessen Silberbüste in feierlicher Prozession durch die hübschen Gassen getragen wird. Und nicht nur in der Megapfanne, sondern an allen Straßenecken wird gebrutzelt – wie immer, wenn es in Italien etwas zu feiern gibt.

San Nicolò 68 | Tel. 01 85 77 02 85 | www.stellamaris.cc | €€) mit toller ☆ Aussichtsterrasse. Ebenfalls auf herrlicher ☆ Panoramaterrasse schmeckt die frische Fischküche in der beliebten Ausflugstrattoria *Do*

Roma 274). Man findet aber auch gehobene Küche, etwa im gepflegten *Da ö Vittorio (Do geschl. | Via Roma 160 | Tel. 018 57 40 29 | €€)* mit angeschlossenem Hotel *(20 Zi. | www. daovittorio.it | €–€€).*

Ein Traum ist die Tour von Camogli zur Punta Chiappa, ob in Wanderstiefeln oder per Boot

Spadin (Mo geschl. | Via San Nicolò 55 | Tel. 01 85 77 06 24 | €€–€€€).

RECCO [124 C5]

Der eigentlich nicht besonders attraktive Ort 3 km westlich von Camogli ist in ganz Ligurien berühmt für seine *focaccia al formaggio,* einen Hefeteigfladen mit Käse. Die *focaccia* von Recco ist ein Markenzeichen. Wenn Sie nicht zufällig am vierten Maiwochenende zum *Focaccia-Fest* in Recco sind, dann probieren Sie sie in einer der *focaccerie,* z. B. *La Focacceria (Di geschl. | Via*

TORRIGLIA [124–125 C–D3]

In den knapp 50 km landeinwärts in den Bergen gelegenen Luftkurort (769 m, 2200 Ew.) führt eine schöne Landschaftstour über den Passo della Scoffera und über sehenswerte Ortschaften wie Uscio und Lumarzo. Von Torriglia starten Ausflüge auf den unter Naturschutz gestellten ☆ *Monte Antola* (1597 m), wegen seiner weichen, im Frühling duftig blühenden Wiesen, seiner verstreuten Dorf- und Kastellreste und seiner herrlichen Ausblicke ein sehr beliebtes Wandergebiet.

Insider Tipp

CHIAVARI

[125 E5] Die Kleinstadt (28 000 Ew.) ist dank einer lebendigen Innenstadt, die noch ihre mittelalterliche Gründung spüren lässt, genau das richtige Ausflugsziel, wenn man mal Lust auf Stadt hat.

▄▄ SEHENSWERTES ▄▄▄▄▄▄

Insider Tipp ALTSTADT

Chiavari lohnt zum Bummeln durch seine lebhafte Altstadt unter Arkaden voller Geschäfte und einladender Bars. Hauptachse ist der sogenannte *carrugiu dritu (Via Martiri della Libertà)*. Die *Piazza Mazzini* ist Mo–Sa vormittags Bühne eines lebhaften Marktes, an der sich anschließenden *Piazza Nostra Signora dell'Orto* versammeln sich Rathaus, Kathedrale und Bischofspalast.

PALAZZO ROCCA

Einst Residenz der Adelsfamilie Rocca, steht heute der dazugehörige Park, der sich mit seinen botanischen Raritäten den Felshang hinaufzieht, den Bürgern offen. In den ehemaligen Stallungen zeigt das *Museo Archeologico (Di–Sa sowie 2. und 4. So im Monat 9–13.30 Uhr)* außergewöhnlich interessante Funde aus der prähistorischen Zeit Chiavaris und der Umgebung. Und die edel möblierte Beletage des Palazzos beherbergt eine sehenswerte *Pinakothek (Sa/So 10–12 und 16–19 Uhr)* mit Gemälden aus dem 17. Jh. *Via Costaguta 2–4*

▄▄ ESSEN & TRINKEN ▄▄▄▄▄

Da Chiavari nicht nur vom Tourismus lebt, kann man hier gut und zugleich bezahlbar essen.

FONDACO DEL VECCHIO GLICINE

Alteingesessene Trattoria mit sorgfältig zubereiteter Hausmannskost. *Mi geschl. | Via G. Raggio 39 | Tel. 01 85 30 14 21 | €*

Ein lohnender Ort zum (Einkaufs-)Bummel ist die Altstadt von Chiavari

ENOTECA PICCOLO RISTORANTE

Frittierte Zucchiniblüten, Artischockensuppe, Fisch in Kräutern, Kaninchenbraten und dazu eine phantastische Weinauswahl, denn das winzige Lokal ist zugleich auch Weinhandlung. *Di geschl. | Via Bontà 22 | Tel. 01 85 30 64 98 | €–€€*

LUCHIN DAL 1907

Eine einladende, lebhafte und bodenständige Traditionstrattoria unter den Arkaden der Altstadt, berühmt für den Kichererbsenfladen *farinata. So geschl. | Via Bighetti 53 | Tel. 01 85 30 10 63 | www.luchin.it | €*

◼ EINKAUFEN

Chiavari ist italienweit berühmt für seine Stühle aus Buchenholz mit Sitzflächen aus geflochtenem Stroh. Eine Firma, die diese *chiavarine* heute noch herstellt, ist *Levaggi (Via Parma 469 | www.levaggisedie.it).* Gebraucht findet man sie auf dem Antiquitätenmarkt am zweiten Wochenende im Monat. Die beste Weinhandlung mit dem seltenen Dessertwein *passito di Lerici* ist die *Enoteca Bisson (Corso Gianelli 28 r | www. bissonvini.it)* der Bissons, die auch selbst Winzer sind.

◼ ÜBERNACHTEN

MONTE ROSA

Sehr ordentliches Altstadthotel. *61 Zi. | Via Monsignor Marinetti 6 | Tel. 01 85 31 48 53 | Fax 01 85 31 28 68 | www.hotelmonterosa.it | €€*

B & B VICO BUSCO

Zwei ansprechend moderne Bed-and-Breakfast-Zimmer in einem Altstadthaus. *Vico Busco 2/5 | Tel. 018 51 87 10 54 | Fax 01 85 31 42 83 | www.bbvicobusco.it | €*

◼ AUSKUNFT

Corso Assarotti 1 | Tel. 01 85 32 51 98 | Fax 01 85 32 47 96

◼ ZIELE IN DER UMGEBUNG ◼

GRAVEGLIATAL UND BASILICA DEI FIESCHI   [125 E5]

Die Familie Fieschi gewann seit dem Mittelalter großen Einfluss in Genua und Ligurien, überall stößt man bei Palazzi und Burgen auf ihren Namen. Ihre Rivalität mit der Doria-Familie trieb sie 1547 zu einer Verschwörung gegen den mächtigen Andrea Doria, in der sie unterlag und zerstört wurde, nachzulesen bei Schiller in der „Verschwörung des Fiesko zu Genua".

Von Chiavari geht es wenige Kilometer Richtung Cogorno im Gravegliatal, ein Dorf mit Weitblick auf Chiavari und Lavagna, auf die Entellamündung und die terrassierten Hänge mit Olivenhainen. Von Cogorno führt ein kurzer Abzweig zum alten, verwunschenen Kirchflecken ★ ☘ *Basilica San Salvatore dei Fieschi,* einem der schönsten Beispiele für den typisch ligurischen, romanisch-gotischen Baustil mit seinem helldunklen Streifenmuster aus Kalk- und Schiefergestein. Das gilt auch für den nahen gotischen *Palazzo dei Fieschi.* Die Basilika wurde 1252 durch Papst Innozenz IV., auch er ein Fieschi, geweiht.

Hier oben finden sich in benachbarten Weilern zudem zwei von Slow Food ganz besonders empfohlene Trattorien: *La Brinca (Mo und außer Sa/So mittags geschl. | Via Campo di

Ne 58 | Tel. 01 85 33 74 80 | €€) in *Ne* und in *Conscenti* die *Antica Trattoria dei Mosto (Mi, Juli/Aug. auch mittags geschl. | Piazza dei Mosto 15/1 | Tel. 01 85 33 75 02 | €€).*

Eine Manganmine, die man im Rahmen einer Führung besichtigen kann, findet sich noch etwas weiter talaufwärts in der oberen Val Graveglia: *Miniera di Gambatesa | Feb. bis Juli und Sept.–Nov. Mi–So, Aug. tgl., Dez./Jan. Sa/So 9–17 Uhr | www. minieragambatesa.it*

LAVAGNA [125 E5]

Der Ortsname *(lavagna* = Schiefertafel) verweist auf die traditionelle Lebensgrundlage, die das bergige Hinterland hier seit Jahrhunderten liefert: den Abbau von schwarzem Schiefergestein, der in Ligurien vielfach bei der Fassadenverzierung, als Türfassung, als Treppengestein und als Dachbedeckung zu finden ist. Lavagna schließt sich jenseits der Entellamündung an Chiavari an und bietet vor allem einen großen Sporthafen und Mitte August ein berühmtes Volksfest, die kollektive Verspeisung einer gigantischen Torte, der *Torta dei Fieschi.* Mit dem nächsten Küstenort *Cavi* verbindet Lavagna ein schier endloser, aber nicht sonderlich attraktiver Kiesstrand, der längste an der Levante.

MADONNA DELLE GRAZIE ⭒ [125 E5]

3 km von Chiavari entfernt, gleich hinter dem ersten Straßentunnel Richtung Genua, liegt die Wallfahrtskirche auf einem Hügel, der den Aufstieg schon wegen des schönen Blicks lohnt. Sehenswert im Innern der Kirche sind gut erhaltene Fresken von Teramo Piaggio (16. Jh.) zur Vita des Christus.

MONEGLIA ⭒ [125 F6]

Der kleine Ort 20 km südöstlich schmiegt sich schön in seine einladende Strandbucht vor die sich vorwölbende bergige Küstenlandschaft. Sein beschauliches, verwinkeltes Zentrum, zum Meer hin von einer stattlichen Palmenallee flankiert, lädt zum Bummeln und Geschäftegucken ein. Hier wurde der berühmte ligurische Maler des 16. Jhs., Luca Cambiaso, geboren, in den Kirchen San Giorgio und Santa Croce hängen Werke von ihm. Eine sympathische Speiseadresse im Ortskern ist *Da U Limottu (Di und außer Sa/So mittags, im Winter Fr-Mittag und Mo–Do geschl. | Piazza Marengo 13 | Tel. 018 54 98 77 | €–€€).* Zum Übernachten laden die drei Zimmer von *A Casa di Roby (Strada San Lorenzo 7 a | Tel. 018 54 96 42 | www.acasa diroby.it | €€),* hochromantisch und herrlich gelegen im Dorf *San Lorenzo* oberhalb von Moneglia. Auskunft: *www.prolocomoneglia.it*

SESTRI LEVANTE [125 E6]

Das lebhafte – und nicht billige – Ferienstädtchen (20 000 Ew.) 10 km südöstlich bildet mit seinem vorgelagerten Felsinselchen den östlichen Abschluss des Golfo del Tigullio. Seit dem Mittelalter ist das felsig zerfranste, mit üppiger Vegetation bewachsene Inselchen mit dem Festland durch sandige Ablagerungen verbunden. Sie bilden zum Golfo del Tigullio hin die „Märchen"-Bucht *Baia delle Favole* mit dem Strand, der sich zum Westen hin am Städtchen entlangzieht, mit zahlreichen Strandbädern, Sportangeboten und dem *lungomare,* der Uferpromenade mit Eiscafés.

Zur anderen, östlichen Seite hin öffnet sich die besonders schöne Bucht ⭐ *Baia del Silenzio,* die sich, wie der Name suggeriert, stiller, abgeschiedener präsentiert. Ihre Kulisse bilden bis an den Strand herangebaute stattliche Häuser, wieder mit den typisch ligurischen farbigen Fassaden. Der Blick nach vorn fällt auf die ansteigende Landzunge Punta Manara (Naturschutzgebiet Monte Castello), über die ein schöner Küstenwanderweg durch Macchiawälder bis nach Moneglia führt.

Der alte Ortskern von Sestri zieht sich vom Inselchen landeinwärts, man flaniert über den lebhaften *budello,* die Altstadtgasse Via XXV Aprile mit Renaissancehäusern mit in Schieferstein gefassten Portalen,

Geschäften und Cafés. Das *Museo Galleria Rizzi (April–Okt. Mi 16–19, Fr/Sa 21.30–23.30, So 10–13 Uhr | Via Cappuccini 8)* zeigt mit Rubens, Van Dyck, Raffael eine erstaunlich wertvolle Bildersammlung. Geht man das Inselchen hinauf, lohnt die mittelalterliche Kirche *San Nicolò;* weiter auf die bewaldete Inselkuppe haben nur Gäste des Grand Hotel dei Castelli *(www.hoteldeicastelli.it)* Zutritt.

Am kleinen Hafen an der Baia delle Favole speist man sehr gut im *El Pescador (Di, im Sommer auch mittags geschl. | Via Queirolo | Tel. 018 54 28 88 | €€€)* oder im Zentrum in der beliebten, unkomplizierten *Osteria Mattana (Mo geschl., Via XXV Aprile 34, Tel. 01 85 45 76 33 | www. osteriamattana.com | €).* Und da Sestri schön und trendy ist, trifft man sich zur Aperitifstunde am ▶▶ Lungomare, z. B. in der *Taverna Balin.*

Zwei wunderschöne Buchten sind die Trümpfe von Sestri Levante

Besonders schön wohnt es sich an der Baia del Silenzio im freundlich-eleganten Hotel Helvetia *(21 Zi. | Via Cappuccini 43 | Tel. 018 54 11 75 | Fax 01 85 45 72 16 | www.hotelhelve tia.it | €€)*. Auskunft: *Piazza Sant'Antonio 10 | Tel. 01 85 45 70 11 | Fax 01 85 45 95 75 | www.apttigullio.ligu ria.it*

VAL FONTANABUONA   [125 D–E4–5]

Das Fontanabuonatal bildet eines der Flusstäler oberhalb von Chiavari. Berühmt ist es wegen seines Schieferabbaus, aus dem die weltweit begehrtesten Platten für Billardtische entstehen. Im knapp 20 km entfernten Hauptort *Cicagna* findet man Geschäfte, die Mitbringsel wie Schalen, Aschenbecher usw. aus diesem schönen, anthrazitgrauen Gestein anbieten *(www.ardesiafontanabuona.com)*.

ZOAGLI   [125 D5]

Der Ort auf halbem Weg zwischen Chiavari und Rapallo mit seinem Strand unter den hohen Pfeilern der Bahnlinie ist bekannt für seinen Samt und seinen Seidendamast. Auch wenn in den letzten Jahren viele Samtfabriken zugemacht haben, gibt es immer noch ein paar ★ Samtwerkstätten in Zoagli, die diese Tradition aufrechterhalten und auf Webstühlen prachtvolle Stoffe herstellen. Dabei darf man zuschauen: *Giuseppe Gaggioli* in der *Via dei Velluti 1 (Abzweigung auf der Höhe der Via Aurelia 208 | Tel. 01 85 25 90 57 | www.tessituragaggioli.it)*. Auch ein Laden gehört dazu. Samt- und Seidenstoffe findet man auch im Laden *Velluti e Seterie Cordani (So und Di geschl. | Via San Pietro 21, an der Via Aurelia Richtung Chiavari | www. seteriecordani.com)*.

LA SPEZIA

[127 D5] La Spezia liegt im Schutz des tief ins Land geschnittenen, wunderschönen Golfs. Diese ideale Voraussetzung für einen sicheren Hafen veranlasste zunächst Napoleon (ab 1808) und anschließend den italienischen Staat, La Spezia zu einem bedeutenden Militärhafen auszubauen. Das wurde der Stadt in den beiden Weltkriegen zum Verhängnis: Als Marinestützpunkt wurde sie schwer angegriffen.

Der moderne Wiederaufbau und ihre industrielle Entwicklung haben sie wahrlich nicht verschönert, dennoch: Wer Lust auf Kultur und Stadtflair hat – immerhin zählt die Provinzhauptstadt fast 100 000 Ew. –, der ist hier genau richtig: Neben dem

Besuch der sehenswerten Archäologie- und Kunstmuseen lohnt ein Bummel durchs lebhafte Innenstadtviertel *Prione,* wo in letzter Zeit neue Lokale aufgemacht haben und es zur Aperitifstunde brummt. Ein Augenschmaus: Im Yachthafen *Porto Lotti* überwintern edle Yachten des italienischen Geldadels.

Samt und Seide statt Chemie und Kunstfasern: Samtwerkstatt in Zoagli

SEHENSWERTES

ARSENAL

Südwestlich am Golf Richtung Portovenere erstreckt sich auf 165 ha das Marinegelände von La Spezia, das in der Mitte des 19. Jhs. zum größten Marinearsenal ganz Italiens ausgebaut wurde. Ein Museum auf dem Areal zeigt die Geschichte der militärischen Schifffahrt: *Museo Tecnico Navale della Marina Militare | Mo–Sa 8–18.45, So 8–13 Uhr | Viale Amendola 1 | www.museotecniconavale.it*

CAMEC

Der Name Centro d'Arte Moderna e Contemporanea ist Programm: Nun hat auch La Spezia ein Museum mit zeitgenössischer Kunst. *Di–Sa 10–13 und 15–19, So 11–19 Uhr | Piazza Cesare Battisti*

CASTELLO SAN GIORGIO/MUSEO ARCHEOLOGICO U. FORMENTINI

Vom Vorplatz der hoch gelegenen Festungsanlage, die im Mittelalter als Bollwerk Genuas gegen die Seerepublik Pisa entstanden war, hat man einen phantastischen Rundblick auf den von drei Seiten geschützten Golf.

LA SPEZIA

Heute ist die Burg Sitz des Archäologischen Museums, das prähistorische Funde aus der Umgebung La Spezias und der alten römischen Hafenstadt Luni zeigt. Höhepunkt sind die berühmten geheimnisvollen Steinfiguren, die ⭐ Stelen aus der Lunigiana, dem Grenzgebiet zur Toskana. Das Kastell ist über eine Treppe von der Via XX Settembre aus zu erreichen. *Mi–Mo 9.30–12.30 und 14–17 (Juni bis Sept. 17–20) Uhr | Via 27 Marzo*

MUSEO AMEDEO LIA ⭐

Im Zentrum zeigt die kostbare Kunstsammlung des Industriellen und Mäzens Amedeo Lia Werke von Pietro Lorenzetti, Bernardo Daddi, Jacopo da Pontormo, Tizian, Tiepolo und vielen anderen. *Di–So 10–18 Uhr | Via Prione 234*

MUSEO DEL SIGILLO

Hunderte Siegel aus aller Welt und allen Zeiten – eindrucksvoll. *Di 16 bis 19, Mi–So 10–12 und 16–19 Uhr | Via del Prione 236*

SANTA MARIA ASSUNTA

Die im 13. Jh. entstandene Kirche wurde im 15. Jh. umgebaut und erhielt 1954 eine neue Fassade aus Streifenquadern. Für Kunstfreunde: im linken Seitenschiff eine farbig glasierte Terrakottagruppe von Andrea della Robbia (16. Jh.), die Krönung Marias darstellt.

▰ ESSEN & TRINKEN ▰

Es gibt eine Reihe sympathischer Trattorien in und um La Spezia. Fragen Sie nach lokalen Spezialitäten wie *muscoli ripieni,* gefüllten Miesmuscheln, nach *frittelle di baccalà,* frittierten Stockfischküchlein, nach der Erbsen-Bohnen-Suppe *mescciua.*

ALL'INCONTRO

Mitten im Zentrum, zu frischer Mittelmeerküche eine gute Weinkarte. *So geschl. | Via Sapri 10 | Tel. 018 72 46 89 | www.ristoranteallincontro.it | €€*

TRATTORIA ALL'INFERNO

Handfeste Trattoria in den Kellern eines Altstadthauses; probieren Sie einmal die gefüllten Sardellen! *So geschl. | Via Lorenzo Costa 3 | Tel. 018 72 94 58 | €*

LA PIA

Alteingesessenes, immer volles Imbisslokal mit Pizzen und deren liguri-

In einem alten, restaurierten Konvent: das Kunstmuseum Amedeo Lia

schen Varianten *farinata* und wurst-
oder käsegefüllten *focacce. So ge-
schl.* | *Via Magenta 12* | *Tel.
01 87 73 99 99* | *www.lapia.it* | €

TRATTORIA DA SANDRO

Von Einheimischen empfohlen, gute
Pasta mit Meeresfrüchten und Fisch
vom Grill. *So geschl.* | *Via del Prione
268* | *Tel. 01 87 73 72 03* | €€

■ EINKAUFEN

Rund um die Kirche Santa Maria As-
sunta befindet sich das Zentrum mit
vielen Geschäften. Markttreiben
herrscht vormittags an der Piazza Cavour bzw. Piazza del Mercato. Ein
modernes Einkaufszentrum: *Centro
Commerciale Kennedy (Piazzale
Kennedy/Viale Italia)*

■ ÜBERNACHTEN

HOTEL COSTA ♫

Preiswert und nett in der Innenstadt,
nur zehn Zimmer. *Via Piave 12* | *Tel.
018 72 32 20* | *Fax 01 87 73 11 67* |
www.hotelcosta.it | €

AGRITURISMO IL GOLFO DEI POETI

Zwei Dutzend gemütliche Wohnun-
gen für zwei bis sechs Personen in alten Steinhäusern mit Swimmingpool
am Stadtrand im Grünen überm Golf
von La Spezia. *Fattorie Bedogni-von
Berger* | *Via Proffiano 34* | *Tel.
01 87 71 10 53* | *www.agriturismogol
fodeipoeti.com* | €–€€

LOCANDA DEL PRIONE

Sechs ansprechend moderne Zimmer
im Altstadtviertel Prione, ohne Früh-
stück. *Via del Prione 152* | *Tel.
01 87 25 71 53* | *Fax 01 87 25 72 22*
| *www.locandadelprione.it* | €

■ AM ABEND

Abendlicher Treffpunkt ist die kleine, verkehrsberuhigte Altstadt Prione
mit ihren Aperitifbars.

■ AUSKUNFT

Viale Mazzini 45 | *Tel. 01 87 77 09 00*
| *Fax 01 87 77 09 08* | *www.aptcin
queterre.sp.it*

■ ZIELE IN DER UMGEBUNG

LERICI UND NATURPARK
MONTEMARCELLO-MAGRA [127 E5]

Das lebendige Ferienstädtchen
(12 000 Ew.) – teuer, hübsch, ge-
pflegt und sehr beliebt – liegt etwa
10 km von La Spezia entfernt an der
Ostflanke des Golfs von La Spezia
an einem Küstenabschnitt, der wegen
seiner Schönheit im 19. Jh. zu einem
Mekka der Dichter und Künstler
wurde: In einer dieser Buchten, im
2 km entfernten San Terenzo, lebte
1822 der englische Dichter Lord Byron mit seinem Kollegen Percy Shelley, der dort im Meer ertrank. Der
Dichterkollege John Keats kam auch
dazu, später dann Schriftsteller wie
D. H. Lawrence, in jüngeren Tagen
Eugenio Montale und Pier Paolo Pa-
solini, und sie alle dichteten vom
Zauber dieser Küste inspirierte
Verse.

Zu den Sehenswürdigkeiten von
Lerici zählt das hochinteressante *Museo Geopaleontologico* im Kastell
von Lerici (s. Kapitel Mit Kindern
reisen). Es zeigt Spuren aus der Ur-
zeit am Golf, mit Dinosauriernach-
bildungen und Erdbebensimulatio-
nen. Sehenswert ist auch die gotische
Burgkapelle *Sant'Anastasio.*

Ein Hotel mit Traumblick auf den
Golf ist das ❀ ♫ *Doria Park Hotel*

(51 Zi. | Via Doria 2 | Tel. 01 87 96 71 24 | Fax 01 87 96 64 59 | www.doriaparkhotel.com | €€). Aus den zwölf Zimmern der schicken, **Insider Tipp** neuen Designherberge *Locanda del Lido (Lungomare Biaggini 24 | Tel. 01 87 96 81 59 | Fax 01 87 96 63 27 | www.locandadellido.it | €€€)* schaut man direkt aufs Wasser.

Zum Essen können Sie wählen zwischen dem gepflegten, am Meer gelegenen Fischrestaurant *Due Corone (Di geschl. | Calata Mazzini 14 | Tel. 01 87 96 74 17 | €€ – €€€)* oder der herzhaften Fleisch- und Fischküche im *Circolo Arci Solaro (Mo- bis Do-Abend und So geschl. | Via Vassale 1 | Tel. 33 38 76 92 08 | €)* oberhalb von Lerici auf dem Weg nach San Terenzo.

In San Terenzo tut sich mit der *Villa Marigola* ein schöner Park auf, der einen typischen italienischen Garten vorzuweisen hat. Kultivierte Idyllen, die die Ostküste des Golfs der Dichter malerisch beenden, bevor er zur rauen, unbewohnbaren Steilküste wird, sind die herrlich zwischen schwarzen Klippen und feinsandigen Stränden gelegenen Orte **Insider Tipp** Tellaro und Fiascherino. Zwei Hotelempfehlungen: in toller Lage überm Strand das Komforthotel ⌇ *Fiascherino (14 Zi. | Via Byron 13 | Tel. 01 87 96 72 83 | Fax 01 87 96 47 21 | www.hotelfiascherino.it | €€€)* oder die gemütlich-elegante *Locanda Miranda (6 Zi. | Via Fiascherino 92 | Tel. 01 87 96 81 30 | Fax 01 87 96 40 32 | www.locandamiranda.com | €€)* mit renommierter Küche.

Im Rücken von Tellaro geht es hinauf in die macchiaüberwucherten Kalkberge des *Naturparks Monte-marcello-Magra (www.parcomagra. it),* der sich zwischen dem Golf von La Spezia und der Flussmündung des Magra ins Meer vorschiebt. In dieser wild bewegten Berglandschaft voller Wälder finden sich zahlreiche markierte Wanderwege, die eine erfrischende Alternative zu den im Hochsommer heißen, überfüllten Stränden darstellen. Auch MTB-Touren können Sie hier unternehmen.

Jenseits des Naturparks liegt am Fluss Magra *Ameglia,* bei den Vips Liguriens bekannt wegen seines Spitzenrestaurants *Locanda delle Tamerici (Di-Mittag und Mo geschl. | Ortsteil Fiumaretta | Via Litoranea 116 | Tel. 018 76 42 62 | www.locanda delletamerici.com | €€€)* mit sieben gemütlichen Zimmern und kleinem Privatstrand.

LUNI [127 E–F6]

Eine in der Versandung der Mündungslandschaft des Magra versunkene Stadt. Kaum zu glauben, denn sie war groß, wohlhabend, von einer festen Stadtmauer eingefasst und für die Römer, die sie 177 v. Chr. hier direkt am Meer erbaut hatten, ein bedeutender Hafen ihres Imperiums. Im 11./12. Jh. mussten ihre Bewohner sie wegen Malaria und Versumpfung endgültig aufgeben. Heute liegen die Ruinenreste 4 km landeinwärts, so weit hat sich die Küstenlinie vorgeschoben. Wer sich für die Vergangenheit interessiert, dem sei ein Besuch der *Ausgrabungsstätte* von Luni und des sehenswerten *Museo Archeologico Nazionale* sehr empfohlen *(Di bis So 8.30–19.30 Uhr | Amphitheater bis 2 Std. vor Sonnenuntergang).* Zeugen einer noch weiter zurückliegenden Vergangenheit dieser Gegend sind die berühmten Lunigianastelen, 5000 Jahre alte, in Stein geschlagene Männer- und Frauenfiguren. Ein Teil steht im Museum von La Spezia, weitere Stelen, die höher im Apennin körper verbunden sind. Andere wiederum sind eher plumpe Figuren.

PORTOVENERE [127 D6]

Knapp 15 km südlich an der äußersten Spitze des Golfs von La Spezia

Treppengässchen, bunte Fassaden und ein kleiner Hafen: das romantische Portovenere

gefunden worden sind, können im 45 km im Landesinneren gelegenen *Pontremoli* bestaunt werden. Dort gibt es im Castello del Piagnaro das *Museo Archeologico della Lunigiana* (Di–So 9–12 und 14–17 Uhr, im Sommer 16–19 Uhr).

Bis heute ist die Bedeutung der Stelen nicht geklärt. Manchmal sind richtige Gesichter mit Nase, Ohren und Augen zu erkennen, die durch einen ebenfalls herausgearbeiteten Hals mit dem grob behauenen Rest-

liegt dieser zauberhafte Küstenort, mit seinen farbigen Fassaden, beschaulichen Gässchen und Treppendurchgängen vor bewegter Felslandschaft und Vegetation ein Platz für Romantiker und unendlich viele Ausflügler. Vom ☀ Vorplatz der gotischen Kirche *San Pietro* im typisch ligurischen Streifenstil hat man einen phantastischen Blick auf die Cinque Terre.

Reizvoll in altem Gemäuer ist ein nettes Hotel mit familiärer Atmosphäre untergebracht *(Locanda Genio | 7 Zi. | Piazza Bastreri 8 | Tel./Fax 01 87 79 06 11 | www.hotelgenioportovenere.com | €€).* Ein besonders komfortables, modernes Ferienhotel mit schönem Pool und eigenem Strand ist das ꕔ *Royal Sporting (61 Zi. | Via dell'Olivo 345 | Tel. 01 87 79 03 26 | Fax 01 87 77 77 07 | www.royalsporting.com | €€€).*

Mit ein paar Schritten hat man den Hafen erreicht. Von dort aus kann man zu den vorgelagerten Inseln, *Palmaria* und die kleinen Naturparadiese *Tino* und *Tinetto,* übersetzen *(Infos im IAT | Piazza Bastreri 7 | Tel. 01 87 79 06 91 | www.portovenere. it).* Den Inbegriff der Romantik bildet ein kleines Gasthaus auf Palmaria mit sorgfältiger Küche *(Mi geschl.),* eigenem Bootsservice und sieben heiteren Zimmern: *Locanda Lorena (Tel. 01 87 79 23 70 | Fax 01 87 76 60 77 | www.locandalorena. com | € – €€).*

Insider Tipp

SARZANA   [127 E5]

Als die Bewohner der uralten Hafenstadt Luni im 11. Jh. wegen Malaria und Versandung ihre Stadt aufgeben mussten, landete ein Teil von ihnen in Sarzana (20 000 Ew., 10 km östlich von La Spezia) und machte aus dem Ort einen bedeutenden Bischofssitz. Im hübschen Altstadtkern zeugt die besonders schöne *Kathedrale dell'Assunta* von 1204 davon. Viele Geschäfte und Boutiquen sowie gute Restaurants schon mit toskanischem Einfluss, etwa *La Giara (Mi-Mittag, Mo und Di geschl. | Via Bertoloni 35 | Tel. 01 87 62 40 13 | €)* im Zentrum, lohnen den Besuch, vor allem am zweiten Sonntag im Monat

zum gut bestückten Trödel- und Antiquitätenmarkt *La Soffitta nella Strada.*

SANTA MARGHERITA LIGURE

[125 D5] **Im wohl edelsten Yachthafen an der Riviera liegen prachtvolle, hochseetaugliche Motor- und Segelyachten unter exotischen Flaggen vor Anker.** Dass Santa Margherita – einstmals ein Fischerort – zu den seit eh und je beliebtesten ligurischen Ferienorten zählt, zeigen auch die vielen schönen alten Hotels aus der Wende zum 20. Jh. und heute die vielen feinen Modeboutiquen. Alles ist ein bisschen teurer als anderswo – besonders das Essen und Trinken. Aber auch manches Strandbad, besonders wenn es so schön liegt wie in der zauberhaften Bucht von *Paraggi* an der atemraubenden ꙮ Küstenstraße von Santa Margherita nach Portofino. Im Sommer weiß man allerdings nicht, wo man das Auto auf der engen Straße lassen soll; Busse fahren die Strecke mehrmals täglich ab.

Santa Margherita (10 000 Ew.) verströmt urban-mondänes Flair, man bummelt, trifft sich, in den Lounges der alten Luxusherbergen wird Bridge gespielt, in den American Bars am Lungomare schlürft man seine Cocktails. Aber keine Sorge, Santa Margherita ist trotz allem auch für den „normalen" Urlauber das richtige Ziel, neben den luxuriösen Villenhotels gibt es jede Menge netter Ferienhotels und Pensionen mit von weißem Schnörkelgitter gesäumten Sonnenterrassen.

Und nicht nur die feinen Sportsegler legen hier an, sondern immer noch laufen auch Fischerboote ein und beliefern den Fischmarkt, der montags bis freitags um 17 Uhr am Hafen seine Stände öffnet. Und in keinem anderen Ort der Umgebung ist am Abend für junge Leute so viel los wie hier.

SEHENSWERTES

PARCO FLAUTO MAGICO

Der berühmte Genueser Bühnenbildner und Illustrator Emanuele Luzzati hat die Parkanlage *Parco Carmagnola,* inspiriert durch Mozarts Oper „Die Zauberflöte", in einen Traumgarten für Kinder (und Erwachsene) umgestaltet: Zwischen Palmen, Eukalyptus und unter Schirmpinien beleben ihn phantasievolle poetische Konstruktionen, die zugleich als Kletter- und Spielgeräte dienen. *Corso Rainusso*

VILLA DURAZZO

In dieser hoch gelegenen, üppigen Parkanlage, halb italienischer Garten, halb englischer Park, lässt es sich herrlich Luft schnappen. Zwei Villen und ein Kastell gehören dazu, in der barocken Villa Durazzo finden manchmal Konzerte statt. *Via San Francesco d'Assisi 3 | www.villadurazzo.it*

ESSEN & TRINKEN

L'ALTRO EDEN

Am Hafen speisen bis zu später Stunde für *young urban people. Di geschl. | Calata del Porto 11 | Tel. 01 85 29 30 56 | €€*

Strandleben all'italiana in Santa Margherita: Sonnenschirm und Liegestuhl gehören stets dazu

ARDICIOCCA

Ein kleines Juwel für anspruchsvolle Feinschmecker. *Mo geschl. | Via Maragliano 17 | Tel. 01 85 28 13 12 | www.ardiciocca.it | €€€*

DA BEPPE

Alteingesessenes Fischlokal, eine Spezialität sind frischer Fisch in grüner Kräutersauce *verde antico. Di geschl. | Via T. Bottaro 29 | Tel. 01 85 28 65 16 | €€–€€€*

IL FRANTOIO

Rustikaler Schick in einer alten Ölmühle. Einfallsreiche Fischküche, im Sommer bei Windlichtern auf der Piazzetta. *So geschl. | Via Giuncheto 23 | Tel. 01 85 28 66 67 | www.ristoranteilfrantoio.com | €€–€€€*

OSTERIA N° 7

Bei jungen Leuten angesagte Osteria mit schmackhaften kleinen Gerichten. *Mi geschl. | Via Jacopo Ruffini 36 | Tel. 01 85 28 17 03 | €*

DA PEZZI

Hier mitten im Zentrum gibt es eine Rarität: ordentliche ligurische Hausmannskost zu günstigen Preisen. *Sa geschl. | Via Cavour 21 | Tel. 01 85 28 53 03 | €*

ÜBERNACHTEN

AZIENDA AGRITURISTICA GNOCCHI

Wie wäre es mit Ferien auf dem Bauernhof am mondänsten Flecken der Riviera? Herrlich in üppiger Vegetation oberhalb von Santa Margherita gelegen, doch nur 30 Minuten Fußweg zum Strand. Neun Zimmer und außerdem gutes Essen. *San Lorenzo della Costa | Via Romana 53 | Tel./ Fax 01 85 28 34 31 | roberto.gnocchi @tin.it | €€*

IMPERIALE PALACE HOTEL

In dem Hotel über der Bucht von Santa Margherita wurden 1922 die Verträge von Rapallo zwischen Deutschland, Italien und anderen Staaten geschlossen. Heute genügt es selbst luxuriösesten Ansprüchen. *86 Zi. | Via Pagana 19 | Tel. 01 85 28 89 91 | Fax 01 85 28 42 23 | www.hotelimperiale.com | €€€*

MINERVA

Modernes, angenehmes Ambiente, blumenreicher Garten, zentral, aber ruhig gelegen. *35 Zi. | Via Maragliano 34 | Tel. 01 85 28 60 73 | Fax 01 85 28 16 97 | www.hminerva.it | €€*

AM ABEND

LE CARILLON

Tagsüber Strandbad am feinen Strand Paraggi, abends Restaurant und Nachtlokal mit Disko; ein schicker, exklusiver Dauerbrenner.

COVO DI NORD EST

Phantastisch gelegen, exponiert auf den Klippen zwischen Santa Margherita und Portofino, Diskothek, Livekonzerte und immer viel los. Allabendlich pflastern die Autos die Küstenstraße zu, viele kommen zu Fuß.

PIAZZA MARTIRI DELLA LIBERTÀ ▶▶

Die *movida* in „Santa", wie man kurz sagt, gilt als die beste an der Levante; einer ihrer Hotspots ist diese zur Küstenstraße offene Piazza, zum Aperitif, zum Essen, später zum Cocktail in Kultbars wie *Sabot, Miami Café, Soleado Café.*

RIVIERA DI LEVANTE

■■ AUSKUNFT ■■■■■■
*Via XXV Aprile 2 b | Tel. 01 85 28 74 85
| Fax 01 85 28 30 34 | www.apttigul
lio.liguria.it*

■ ZIELE IN DER UMGEBUNG ■

PORTOFINO ★   [125 D5]

Ein 4,5 km langer, sehr schöner ☼ Küstenspazierweg führt an die Spitze der Halbinsel in das weltberühmte

Die Autos verschwinden für teure Gebühr im Parkhaus am Ortseingang. Von Santa Margherita gelangt man mit dem regelmäßig verkehrenden, preiswerten Autobus in den Ort, oder man nimmt das Fährboot oder spaziert über den tollen Küstenweg hierher.

Der Name Portofino geht auf die Römer zurück, die hier schon mit ih-

Im Hafen des exklusiven Portofino liegen die Yachten des zahlungskräftigen Jetsets

Fischerdorf. Idyllisch schmiegen sich die schmalen, bunten Häuser – heute feine Ferienapartments – in die natürliche, tief eingeschnittene Bucht im Schutz der bewaldeten Ausläufer der Halbinsel von Portofino.

Weil der Autoverkehr völlig verboten ist, kann der reizvolle Ort (600 Ew.) seinen Zauber bewahren.

ren Booten anlegten und die Bucht *Portus Delphini,* Delphinhafen, nannten. Heute gehen in der Hafenbucht die phantastischen Motor- und Segelyachten des internationalen Geldadels vor Anker. Schauliegen nennt man das, und beim Gucken sucht man unter den edlen Schiffen nach einer Wally-Yacht, dem derzeit ulti-

Flaniermeile: die Uferpromenade in Rapallo

mativen Segelyachtmodell, puristisch, sportlich, cool. Der Italiener Luca Bassani, mit Wohnsitz in Monaco und Portofino, ist Schöpfer dieser Kultyacht.

Ansonsten warten auf die betuchten Yachteigner und Vips genauso wie auf die normalen Tagesbesucher schicke Boutiquen, Juwelierläden und Cocktailbars längs der Uferpromenade: Portofino ist mondän – und das heißt extrem kostspielig. Sehenswert ist das 🌿 Luxushotel *Splendido,* mit seinem Pool, seinem Park und dem weiten Blick über die Bucht eines der schönsten Hotels der Welt *(75 Zi. | Tel. 01 85 26 78 01 | Fax 01 85 26 78 06 | www.splendido.com | €€€).* Auch das zauberhafte *Splendido Mare (16 Zi. | Tel. 01 85 26 78 02 | Fax 01 85 26 78 07 | €€€)* unten im Herzen Portofinos gehört mit seinem Restaurant *Chuflay* (€€€) an die

Piazzetta dazu. Die Vips lassen sich im *Da Puny* verwöhnen.

Zum Besuch Portofinos gehört ein 🌿 Spaziergang hinauf auf den Bergrücken mit der Kirche San Giorgio und dem gleichnamigen Kastell, auch Castello Brown nach seinem früheren englischen Besitzer genannt und Schauplatz rauschender Feste. Der Weg garantiert herrliche Blicke aufs Meer und auf die Miniaturhafenbucht von Portofino. Wer weiter möchte, läuft bis zum Leuchtturm an der Landspitze Punta di Portofino.

Die mit einer nahezu tropisch-mediterranen Vegetation bedeckte Halbinsel von Portofino ist zusammen mit ihrem Meeresgrund unter strengen Naturschutz gestellt worden; das verspricht schöne 🌿 Wandertouren mit spektakulären Ausblicken, die schönste führt über den Kamm nach San Fruttuoso (Markierung: zwei rote Punkte, 1 Std. 30 Min.). Informationen und Wanderkarten bekommen Sie in der *Touristeninformation (Via Roma 35 | Tel./Fax 01 85 26 90 24 | www.portofino.ws).*

RAPALLO [126 B4]

Auch das unmittelbar an Santa Margherita anschließende Rapallo war einmal eine sehr mondäne Sommerfrische. Ein paar alte Hotels deuten das noch an. Doch das größte Zentrum (29 000 Ew.) am Golfo del Tigullio hat seinen Reiz weitgehend verloren. In den Sechzigerjahren setzte ein, was man seither in Italien *rapallizzazione* nennt: die zügellose Verstädterung und Zersiedelung eines in der Belle Époque wunderschönen Seebads. In zahlreichen Apartmenthäusern und Pensionen überwinter hier Pensionäre und Rentner. Immerhin: Ein schöner Stadtpark und gepflegte Uferpromenaden laden zum Flanieren ein, vorbei an hübschen Häuserfassaden und Cafés. Eines der stattlichen alten Luxushotels der Jahrhundertwende ist das herrlich gelegene ⚓ *Excelsior Palace (131 Zi. | Via San Michele Pagano 8 | Tel. 01 85 23 06 66 | Fax 01 85 23 02 14 | www.excelsiorpalace.thi.it | €€€)* mit allem modernen Komfort sowie Wellness- und Fitnessanlagen. Für kleinere Geldbörsen: *Hotel Fernanda (14 Zi. | Via Milite Ignoto 9 | Tel./Fax 018 55 02 44 | www.hotel fernanda.com | €)* in einem hübschen, rosa Stadthaus. In den Geschichtsbüchern taucht der Name Rapallo auf als der Ort, an dem man sich in den Zwanzigerjahren des 20. Jhs. zu Friedens- und Reparationsverhandlungen zwischen Russland und Deutschland nach dem Ersten Weltkrieg traf.

Einstiger Zeitvertreib der Fischersfrauen von Portofino und Rapallo war das Spitzenklöppeln, nunmehr im sehenswerten *Museo del Merletto (Di, Mi, Fr, Sa 15–18, Do 10–11.30 Uhr)* zu bewundern, in der Villa Tigullio im Stadtpark Parco Casale. Ein origineller Speisetipp oberhalb von Rapallo (3 km) in San Massimo: *U Giancu (Mi und Mo–Fr mittags geschl. | Via San Massimo 78 | Tel. 01 85 26 05 05 | €€)*, voller Comics, mit bunter Terrasse und gutem Essen. Zu den Sehenswürdigkeiten zählt die Wallfahrtskirche ✖ *Santuario della Madonna di Montallegro* (11 km nördlich), die auch mit der Seilbahn zu erreichen ist, mit einer anrührenden Exvotosammlung. *www. comune.rapallo.ge.it*

SAN FRUTTUOSO ⭐   [125 D5]

Von Rapallo, Santa Margherita Ligure, Camogli und Portofino aus kann man diese im 11. Jh. erbaute Abtei per Schiff oder zu Fuß erreichen. Wer gut zu Fuß ist, sollte das unbedingt machen, die Pfade durch immergrüne Macchia hoch überm Meer gehören zum Schönsten, was man hier erleben kann. *Insider Tipp*

Das Kloster, im Sommer stimmungsvoller Schauplatz von Konzerten, liegt malerisch in einer Felsenbucht an der Spitze der Halbinsel von Portofino. Der Komplex wurde um die erste Jahrtausendwende von Benediktinern gegründet, entsprechend gehen viele Stilelemente der Klosterkirche auf die frühe Romanik zurück. Ein Kreuzgang gehört dazu sowie die Krypta, in der mehrere Mitglieder der in Ligurien allgegenwärtigen Doria-Familie begraben liegen.

Die Klosteranlage gehört heute dem FAI, einer Organisation, die mit Hilfe von Spendengeldern bedrohte Bauwerke aufkauft und restauriert, mit der Auflage, sie dem Publikum zugänglich zu machen. Das kommt in den Sommermonaten sehr zahlreich, die kleine Bucht ist dann übervoll, und in den paar (teuren) Trattorien drängelt es sich – versuchen Sie auch hier, nicht gerade am Wochenende herzukommen. Ein Tipp: Nicht in der ersten, immer überfüllten Bucht unterhalb des Klosters bleiben, sondern ein paar Schritte weiter in die zweite, kleinere und viel abgeschiedenere Bucht ausweichen; hier auch das nette Lokal *La Cantina*. Auf dem Meeresgrund der Bucht steht eine Christusstatue, der am letzten Julisonntag die Taucher ihre Ehre erweisen.

> FÜNF KLIPPENDÖRFER, DIE VERZAUBERN

Wer zum Erhalt dieses bedrohten Paradieses beitragen will, übernimmt die Patenschaft für einen Weinberg

> **Der Küstenabschnitt der Cinque Terre, der „Fünf Länder", zählt zum Schönsten, was Italien zu bieten hat. Die Höhepunkte des Massenansturms werden um Ostern, an den Wochenenden und in den Sommerferien erreicht. Besucher von überall kommen hierher, neben viel Amerikanisch hören Sie jede Menge andere Sprachen.**
Zu Fuß sind Sie hier am besten dran. Keine Straße verbindet die Dörfer, wohl aber Wanderwege. Und die Eisenbahn, die sich durch die Berge zu den fünf Dörfern (zusammen ca. 5000 Ew.) bohrt. Ein paar zahlungspflichtige, in den Perioden starken Zustroms jedoch stets übervolle Parkplätze liegen vor den Ortseingängen.

Beim Anblick der schroff ins Meer fallenden Felswände, vom Boot oder vom Klippenweg aus, fragt man sich verwundert, warum Menschen ausgerechnet hier ihre Dörfer gegründet haben. Schon zur Römerzeit siedel-

Bild: Terrasse am Meer in Vernazza

CINQUE TERRE

ten sie auf den Klippen, denn immerhin bot die Unzugänglichkeit auch Schutz. Und im Lauf der Jahrhunderte entstand unter schwierigsten Bedingungen diese einzigartige Terrassenlandschaft: Insgesamt sollen es rund 8000 km Steinmäuerchen sein, die sich über eine Steilküste verteilen, die selbst nur 10 km lang ist. Diese *muretti,* aus Steinen *a secco,* also ohne Mörtel, geschichtet, stützen auf den steilen Hängen Erdterrasse um Erdterrasse ab, für Rebstöcke, Getreide, Gemüse und Olivenbäumchen. Wühlende Wildschweine und die heftigen winterlichen Regengüsse, die in letzter Zeit immer häufiger Ligurien heimsuchen, sind die Hauptgefahren für dieses Raster der Terrassenzeilen, das dem Auf und Ab der Steilhänge folgt – ein einmaliges landschaftliches Kunstwerk. 1997 ist es ins Welterbe der Unesco aufgenommen worden.

Eingeklemmt zwischen Felsen: Riomaggiore

Der 1999 eingerichtete Nationalpark Cinque Terre, der auch den Meeresgrund vor der Küste einschließt, fördert in Pilotprojekten den Einklang zwischen Landschaftsschutz, aktiver Landwirtschaft und sanftem Tourismus. Kurse zur Technik des Trockenmauerbaus werden angeboten, der Bioanbau wurde eingeführt, sodass eine erstklassige Produktpalette – Öl, Kräuter, Wein, Oliven, Honig, Früchte und Gemüse – die Regale der hiesigen Feinkostläden füllt. Auch die berühmten Sardinen von Monterosso bekommen Sie hier.

■ SEHENSWERTES ■

CORNIGLIA [129 D4]

Das kleinste der fünf Dörfer liegt hoch oben auf einem Felsen über dem Meer. Da es am mühsamsten zu erreichen ist, über die gewundene Bergstraße (wenige Parkplätze) oder mit der Bahn (vom Bahnhof Shuttlebus oder eine Treppe aus ziemlich vielen Stufen), bleibt es vom Ansturm der Tagesausflügler halbwegs verschont.

MADONNA DI SOVIORE ☆ [128 B1]

Im Grün der bewaldeten Anhöhen oberhalb der fünf Dörfer liegen verstreut fünf Wallfahrtskirchen, die eindrucksvollste ist dieses romanisch-gotische Madonnenheiligtum, das man von Monterosso auf einer schönen Wanderung von ca. 3 km erreicht. Man kann in 50 einfachen Zimmern *(Tel. 01 87 81 73 85 | Fax 01 87 81 70 97 | www.soviore.org | €)* übernachten und sich im großen *Ausflugslokal (Di geschl.)* schmackhaft stärken.

MANAROLA [129 E5]

Von Corniglia aus sieht man Manarola mit seinen hübschen farbigen Häusern 3 km südöstlich an der Klippenküste liegen, malerisch eingeschachtelt in eine Felsbucht, die zu einer Piazzetta voller Cafés und Restaurants oberhalb des kleinen Hafens ausläuft: Die Boote werden mit dem Kran nach oben auf die Piazzetta gehievt.

MONTEROSSO AL MARE [128 A–B2]

Das größte der Cinque-Terre-Dörfer (1600 Ew.) hat fast urbanen Charakter und besitzt die meisten Hotels und Restaurants. Der Ort besteht aus zwei Teilen, dem älteren Fischerort Monterosso und dem jüngeren Stadtteil Fegina; vor ihnen erstreckt sich der einzige richtige Sandstrand der Cinque-Terre-Küste. Monterosso hat eine sehenswerte romanisch-gotische Pfarrkirche, *San Giovanni Battista,* mit der für Ligurien typischen gestreiften Fassade.

RIOMAGGIORE [129 F5–6]

Der südöstlichste Ort ist besonders eng eingeklemmt zwischen zwei Felsfalten, die Häuser ziehen sich vom Meer steil und eng die Felsen hinauf, eine Schneise schlägt die Hauptachse Via Colombo mit ihren kleinen Läden und Bars, die hinunter an die winzige Hafenrampe führt. Der Ort zieht sich so hoch hinauf, dass vom Bahnhof aus ein Aufzug in den oberen Ortsteil hinaufhilft. Hier hat man vom ☼ *Belvedere* auf den Resten der Burg eine tolle Aussicht. Am oberen Ortsrand steht ein großes, hässliches Parkhaus.

VERNAZZA ★ [128 C3]

Vernazza gilt als das schönste der fünf Dörfer und ist entsprechend beliebt und überlaufen. Die schmalen, hohen Häuser in allen möglichen Rot- und Rosaschattierungen, dazwischen hellgraue und gelbe Fassaden, gruppieren sich malerisch um die Piazzetta der kleinen, sanft ins Meer abfallenden Hafenbucht und ziehen sich eng verschachtelt eine felsige Halbinsel hinauf. An der Hafenpiazzetta steht die Pfarrkirche *Santa Margherita.*

ESSEN & TRINKEN

A CANTINA DE MANANAN

Auf der Schiefertafel stehen die frischen, richtig guten Tagesgerichte dieser kleinen, gemütlichen Osteria an der zentralen Ortsgasse von Corniglia. Reservieren! *Di geschl. | Via*

MARCO POLO HIGHLIGHTS

★ Bootsfahrten
Das terrassierte Küstenrelief sieht man am besten vom Meer aus (Seite 79)

★ Vernazza
Von den fünf Dörfern ist das verschachtelte Vernazza das fotogenste (Seite 75)

★ Küstenwanderung
Zum schönen Wanderweg zwischen den Dörfern gehört die Via dell'Amore (Seite 80)

★ Sandstrand von Monterosso
Ein richtiger Sandstrand: eine Seltenheit an der Levante (Seite 79)

Fieschi 117 | Tel. 01 87 82 11 66 |
€–€€

DA BILLY

Sympathische Trattoria in Manarola
mit toller ☘ Aussichtsterrasse. *Do
geschl. | Via Rollandi 122 | Tel.
01 87 92 06 28 | €–€€*

CAPPUN MAGRU

In *Groppo* oberhalb von Manarola:
Gilt unter Kennern als die beste Speiseadresse der Cinque Terre, einfalls-
reiche Zubereitung ligurischer Spezialitäten. Sehr klein, reservieren!
*Mi–Sa mittags sowie Mo und Di ge-
schl. | Via Volastra 19 | Tel. 01 87 92
05 63 | €€*

>LOW BUDGET

ENOTECA INTERNAZIONALE

Im Sommer sitzt man auf ein paar
Stühlen draußen an der Hauptgasse
von Monterosso und genießt die aro-
matischen *acciughe di Monterosso*
zu einem guten Glas Cinque-Terre-
Weißwein. *Di geschl. | Via Roma 62
| Tel. 01 87 81 72 78 | €–€€*

GAMBERO ROSSO

In Vernazza finden Sie die neben
dem Cappun Magru andere herausra-
gende Speiseadresse der Cinque Ter-
re. *Mo geschl. | Piazza Marconi 7 |
Tel. 01 87 81 22 65 | €€€*

GIANNI FRANZI ☘

Traditionsreicher, beliebter Treffpunkt in Vernazza zum Essen mit
herrlichem Blick; vermietet auch 22
nette Zimmer *(Tel. 01 87 82 10 03 |
Fax 01 87 81 22 28 | www.giannifran
zi.it | €). Mi geschl. | Piazza Marconi
| Tel. 01 87 81 22 28 | €€*

DEGLI ULIVI

Im Dorf *Volastra* oberhalb von Manarola finden Sie diese handfeste, bei
Einheimischen beliebte Trattoria mit
schmackhafter Küche. *Di geschl. |
Via Nostra Signora della Salute 114 |
Tel. 01 87 76 00 20 | €–€€*

■ EINKAUFEN ■

In Önotheken und Delikatessenge-
schäften bekommen Sie neben Wein
die kulinarischen Spezialitäten wie
eingelegte Oliven, Olivenöl, den
Pesto aus dem hier angebauten Basilikum, Honig, Zitronenmarmelade.
Im neuen *Centro Salagione di Mon-
terosso (Mo–Sa 9–14 Uhr | Via Ser-
vano 2/4)* werden die besonders
schmackhaften Sardellen von Monte-

Ligurische Mare-e-Monti-Küche bei Gianni Franzi: Tintenfisch mit Steinpilzen

rosso nicht nur in Salz eingelegt, sondern auch verkauft. Wein direkt beim Erzeuger kaufen Sie z. B. bei der *Azienda Vinicola Walter de Batté (Via Trarcantu 25)* in Riomaggiore oder in Groppo oberhalb von Manarola bei der *Cooperativa Agricola Cinque Terre.*

■ ÜBERNACHTEN ■

BARBARA

Mittendrin in Vernazza an der Hafenbucht neben der Kirche neun sehr ordentliche Zimmer, von ⚜ einigen tolle Aussicht. *Piazza Marconi 50 | Tel./Fax 01 87 81 23 98 | www.alber gobarbara.it |* €

CÀ D'ANDREAN

Zehn helle Zimmer in einer restaurierten Ölmühle in Manarola. *Via Discovolo 101 | Tel. 01 87 92 00 40 | Fax 01 87 92 04 52 | www.cadandre an.it |* €–€€

BORGO DI CAMPI ⚜

In den Weinbergen 4 km oberhalb von Riomaggiore finden Sie diese kleine Gruppe von hübschen Ferienwohnungen in teilweise altem Gemäuer. *Tel. 01 87 76 01 11 | Fax 01 87 76 07 14 | www.borgodicampi. it |* €€

LA COLONNINA

Im alten Kern von Monterosso 19 renovierte Zimmer und ein lauschiger Garten zum guten Frühstück. *Via Zuecca 6 | Tel. 01 87 81 74 39 | Fax 01 87 81 77 88 | www.lacolonnina cinqueterre.it |* €€

IL GIARDINO INCANTATO

Vier romantische Bed-and-Breakfast-Zimmer in Monterosso mit dem namenstiftenden „verzauberten" Frühstücksgarten. *Via Mazzini 18 | Tel. 01 87 81 83 15 | www.ilgiardino incantato.net |* €€

HOSTEL 5TERRE

Es gibt tatsächlich eine Jugendherberge in den Cinque Terre, in Manarola, noch dazu eine recht angenehme. Frühzeitige Reservierung ist unabdingbar! *48 Plätze in 4- bis 6-Bett-Zimmern | Via Riccobaldi 21 | Tel. 01 87 92 02 15 | Fax 01 87 92 02 18 | www.cinqueterre.net/ostello | €*

bel wohnen möchten. *25 Zi. | Via Roma 72 | Tel. 01 87 80 80 02 | Tel. 01 87 81 83 93 | www.hotelmonterosso.it | €€*

PORTO ROCA ❄

In *Monterosso:* atemraubende Lage über dem Meer in einem Zitrusgarten. Einen tollen Blick hat man vor

In Monterosso machen die Berge Platz für einen richtigen Strand aus Sand und Kieseln

IL MAESTRALE

Im hinteren Teil der Altstadtgasse von Monterosso ein stilvoller Hideaway mit Charme. *6 Zi. | Via Roma 37 | Tel. 01 87 81 70 13 | Fax 01 87 81 70 84 | www.locandamaestrale.net | €€*

MARGHERITA

Neues Haus in Monterosso für alle, die auch hier schick und komforta-

allem aus dem dritten Stock. *42 Zi. | Via Corone 1 | Tel. 01 87 81 75 02 | Fax 01 87 81 76 92 | www.portoroca.it | €€€€*

ZIMMER UND FERIENWOHNUNGEN

Fast alle Familien in den Dörfern vermieten Zimmer (zwischen 60 und 120 Euro pro Nacht), man fragt direkt in Geschäften, Bars und Restaurants, bei den Touristenbüros an den

> *www.marcopolo.de/ligurien*

fünf Bahnhöfen, oder man lädt sich Adressenlisten aus dem Internet. Bei der Wallfahrtskirche Santuario Montenero oberhalb von Riomaggiore gibt es eine Art Hostel *(21 Zi. | Tel. 01 87 76 05 28 | Fax 01 87 76 21 45 | www.trekbike.it | €)* und 15 Landhäuschen mit Ferienwohnungen, ideal für Wanderer und Biker. Ein paar Anbieter mit besonders netten Wohnungen: *www.arpaiu.com, www.baranin.com, www.arbaspaa.com, www.arucca.com*

FREIZEIT & SPORT
BOOTSFAHRTEN ★

Bootsfahrten die Küste entlang ermöglichen vom Meer aus eine tolle Sicht auf diese verwegene Küste und ihre terrassierten Anpflanzungen; die Fährboote pendeln im Sommer im Stundentakt zwischen Monterosso und Portovenere, sie legen an den kleinen Häfen an, einzig das hoch gelegene Corniglia ist ohne Anlegestelle. *www.navigazionegolfodeipoeti.it*

STRÄNDE

Der bequemste ist der lange ★ Sandstrand von Monterosso, allerdings in der Hochsaison mit Badenden und Liegestühlen überfüllt. Gut zugänglich ist das Meer von den kleinen Hafenbuchten aus, Vernazza hat sogar einen winzigen Sandstrand am Hafen. Am schönsten ist die felsige Badebucht unterhalb von Corniglia, aber anstrengend über einen Treppenweg zu erreichen. Unterhalb der Bahntrasse bei Corniglia geht es in einen etwas unheimlichen, stillgelegten Bahntunnel (Einlass 5 Euro), fast 1 km lang, an dessen Ausgang man zum schattenlosen Kiesstrand *Guvano* gelangt. Größere Badestrände mit feinem Kieselsand haben die Nachbarorte Levanto und Bonassola, schnell und billig mit der Bahn zu erreichen.

TAUCHEN

Diese felsige Küste erfreut das Taucherherz: In Riomaggiore gibt es das *Diving Center 5 Terre (Via San Gia-*

> CINQUE-TERRE-CARD
Preiswert von Dorf zu Dorf mit der Eisenbahn

Im Cinque-Terre-Gebiet kann man bestens aufs Auto verzichten (das Parken kostet 12–20 Euro pro Tag!), denn es gibt eine hervorragende und preiswerte Zugverbindung zwischen den Dörfern und darüber hinaus, nach Levanto und La Spezia. So kann man mit dem Zug in wenigen Minuten z. B. von Manarola zum Essen nach Vernazza fahren oder an den Strand nach Monterosso oder Levanto, ins Museum nach La Spezia – und das ab dem Morgengrauen bis nach Mitternacht. Wer dieses Angebot häufiger nutzen will, für den lohnt sich die Cinque-Terre-Card, die Sie an jedem der Bahnhöfe bekommen: *8,50 Euro/Tag, 19,50 Euro/3 Tage, 36,50 Euro/7 Tage.* Mit der Card können Sie außerdem gratis den Küstenwanderweg Nr. 2 zwischen Monterosso und Riomaggiore (mit der Via dell'Amore) benutzen, der sonst 5 Euro kosten würde, und die kleinen Shuttlebusse von den Bahnhöfen in die Ortskerne.

como | www.5terrediving.com), im Dörfchen *Cadamare* zwischen Riomaggiore und Portovenere das *Diving Center Oasi Blu (Via della Marina | www.diving5terre.com).*

Skulptur auf der Via dell'Amore –
Lektion 1: der Kuss

WANDERUNGEN

Wer in den Cinque Terre Urlaub macht, kommt vor allem auch zum Wandern. An Stoßtagen kommt es auf den Wanderwegen, die die Dörfer miteinander verbinden, zu regelrechten Fußgängerstaus. Überall sieht man Leute mit dicken Stiefeln und Rucksack, verschwitzt, aber glücklich. Sie kommen wahrscheinlich vom mehrtägigen, ca. 40 km langen ✳ *Wanderweg Nr. 1,* der von Levanto im Westen bis nach Portovenere im Osten am Golf von La Spezia dem Bergkamm oberhalb der Cinque-Terre-Küste folgt. Eine ausführliche Beschreibung dieser großartigen Wanderroute mit spektakulä-

ren Ausblicken finden Sie im Kapitel „Ausflüge & Touren".

Wer nicht so viel Zeit hat oder sich die große Tour nicht zutraut, dem bieten sich viele nicht weniger schöne Alternativen. Gut an einem Tag ist etwa die 12 km lange ★ ✳ Küstenwanderung zu schaffen, der wunderschöne *Wanderweg Nr. 2, sentiero azzurro* genannt, der längs der Küste die fünf Dörfer miteinander verbindet (kostenpflichtig, s. Kasten „Cinque-Terre-Card"). Zwischen Manarola und Riomaggiore bildet ein ca. 25 Minuten kurzes Wegstück des *sentiero 2* die berühmte ✳ *Via dell'Amore,* den eigentlich wenig romantisch mit Geländern abgesicherten „Liebesweg" voller Herzschmerzgraffiti auf den zum Schutz gegen Steinschlag mit Beton befestigten Felsen.

Von Monterosso nach Levanto verläuft eine besonders schöne Wanderung (ca. 3,5 Std.) durch duftende Macchia mit herrlichen Ausblicken, so vom ✳ Küstenvorsprung *Punta Mesco.* Gönnen Sie sich hier eine Erfrischung auf der ✳ Panoramaterrasse des hübschen Hotels *La Giada del Mesco (www.lagiadadelmesco.it).*

◼ AUSKUNFT ◼

Ganzjährig geöffnet sind die gut ausgestatteten Informationsstellen des Nationalparks *(www.parconazionale 5terre.it)* in den Bahnhöfen aller fünf Dörfer. Der Hauptsitz der Parkverwaltung ist im Rathaus von Riomaggiore *(Tel. 01 87 76 00 00 | Fax 01 87 76 06 61).* Außerdem Informationen im Internet: *www.cinqueterre. it, www.5terre.de* und *www.aptcinque terre.sp.it*

■ ZIELE IN DER UMGEBUNG ■

BONASSOLA [126 B4]

Mit dem Zug gelangt man rasch in diesen abgeschieden in einer Bucht gelegenen, besonders hübschen und gepflegten Ort, dazu mit schönem Sandstrand. Für einen leichten, frischen Imbiss in einem schönen alten Garten empfiehlt sich die *Bar-Caffetteria Pensione Moderna (Juni–Sept. tgl. | Tel. 01 87 81 36 62 | €)*, zum Wohnen die charmante, wunderbar oberhalb von Bonassola gelegene *Villa Belvedere (24 Zi. | Via Serra 33 | Tel. 01 87 81 36 22 | Fax 01 87 81 37 09 | bonassolahotelvillabelvedere.com | €€)*.

LEVANTO [126 B–C4]

Levanto (6200 Ew.) liegt geschützt vor grüner Bergkulisse an einem kleinen Golf mit grauem Kieselstrand. Das sympathische Badestädtchen bezeichnet sich selbst als „Tor zu den Cinque Terre", die Sie mit dem Zug in wenigen Minuten erreichen. Hier finden Sie Gassen und Plätze, die zum Flanieren, Shoppen und zum Aperitif einladen. Übernachten können Sie in der Innenstadt im kleinen Charmehotel *Villa Clelia (6 Zi. | Piazza da Passano 1 | Tel./Fax 01 87 80 81 95 | www.villaclelia.it | €–€€)*. Auskunft: *Piazza Mazzini 1 | Tel./Fax 01 87 80 81 25*

BÜCHER & FILME

Tintenfisch und Tintenherz: Impressionen aus Ligurien

> **Knochen des Tintenfischs** – Die ideale Lektüre in der Mittagssonne auf einer Klippe an den Cinque Terre: *ossi di seppia* (Knochen des Tintenfischs) heißt das Hauptwerk von Eugenio Montale, dem 1896 in Genua geborenen größten italienischen Lyriker des 20. Jhs. 1975 wurde er mit dem Literaturnobelpreis ausgezeichnet. In seinen Gedichten spielt die Natur am Meer eine große Rolle – in Monterosso in den Cinque Terre verbrachte Montale seine Sommerferien.

> **Königin ohne Schmuck** – In Genua spielt diese hinreißende Liebesgeschichte zwischen einem Kohleprinzen und einer Safranprinzessin im Roman des phantasievollen Erzählers Maurizio Maggiani aus La Spezia.

> **Das Wasserhaus** – Wer vom eigenen Haus in Italien träumt, dem sei dieses Buch von Margaret Minker zu empfehlen, in dem ein solcher Traum in Erfüllung geht. Doch das alte Haus in einem Dorf in den ligurischen Bergen hat eine Vergangenheit …

> **Kalter Wind in Genua** – Von Bruno Morchio liegt nun endlich einer seiner spannenden Genuakrimis auf Deutsch vor.

> **Tintenherz** – Der Verfilmung des Fantasy-Bestsellers von Cornelia Funke (Kinostart 2008) dienten die mittelalterlichen Gassen von Albenga und Laigueglia und das halb verlassene Bergdorf Balestrino als Kulisse.

> **Silvio Soldini** – Die jüngsten Filme des Erfolgsregisseurs („Brot und Tulpen") spielen beide in Genua: die romantische Komödie „Agata und der Sturm" von 2004 sowie „Giorni e Nuvole" (2007, noch nicht auf Deutsch), eine bittersüße Arbeitslosengeschichte.

> LEBENDIGE HAFENMETROPOLE MIT VERWINKELTER ALTSADT

Die Hauptstadt Liguriens verwandelte sich vom Aschenputtel zur Stadt der italienischen *movida*

 KARTE IN DER HINTEREN UMSCHLAGKLAPPE

> Selbst schuld, wer Genua (ital.: Genova) bei seinem Urlaub an der italienischen Riviera nicht einen ausgedehnten Besuch abstattet! Ihm entgeht eine der reizvollsten Städte Europas.

In den letzten 15 Jahren hat sie sich von einem heruntergewirtschafteten Industriehafen zur lebendigen Kulturstadt gemausert. 650 000 Menschen leben die Hügelhänge hinauf, die höher gelegenen, bürgerlichen ✳ Wohnviertel erreicht man über Aufzüge, Serpentinen und Treppenaufgänge. Zum Hafen hin erstreckt sich die berühmte ★ Altstadt, ein einzigartiges Labyrinth aus *carruggi* (Gassen) voller Getümmel, aus dunklen, schmuddeligen Ecken, aus Geschäften mit modernem Billigkram oder neuer, junger Raffinesse, aus Läden mit traditionellen Delikatessen und Handwerk. Viele Einwande-

Bild: Brunnen an der Piazza De Ferrari

GENUA

rer aus Asien und Afrika sieht man, viele betreiben Imbissstuben und Marktstände. Die Gassen sind so eng, dass man den Kopf heben muss, um die Fassade einer Kirche, eines prachtvollen Palastes wahrzunehmen. Überall wird restauriert, und überall öffnen neue Lokale in den phantastischen Sälen und Gewölben der alten Palazzi. Diese Stadtpaläste, *rolli* genannt, stammen aus Genuas Glanzzeit im 16./17.Jh., seit 2006 ge

hören sie zum Unesco-Welterbe. Viele beherbergen Banken und Museen mit reichen Kunstsammlungen.

Aus dem Dunkel der Gassen ins Licht zum Blick auf die Stadt, auf ihre schiefergrauen Dächer, die bunten Hafencontainer, die weißen Kreuzfahrtschiffe: Das muss einfach sein, ob vom ☀ *Aussichtskran Bigo* im Porto Antico, dem Alten Hafen, vom historischen Leuchtturm ☀ *La Lanterna* oder von der ☀ *Dachterrasse* Insider Tipp des Meeresmuseums Galata Museo del Mare im alten Hafengelände.

Zum Abend, bevor die Ladenbesitzer um 19.30 Uhr ihre Rollläden runterrasseln lassen, gehört die Einkehr in eine Bar zum Aperitif. Dazu biegen sich die Theken unter köstlichen Kleinigkeiten. So gestärkt, kann man die *movida*, den Zug durch die Alt-

Insider Tipp

CASTELLO MACKENZIE [0] Insi Ti

↘ Ein schlossartiger Palazzo erhebt sich weithin sichtbar im Panoramastadtviertel Castelletto, eine verspielte Architekturlaune aus Mittelalter, Renaissance und Jugendstil – außen wie auch im sehenswerten Innern – vom Großmeister des Eklektizismus, Gino Coppedè, 1905 erbaut. *Führun-*

Galleria Nazionale di Palazzo Spinola: wertvolle Gemälde und eine Panoramadachterrasse

stadtlokale, beginnen. Und noch ist Genua vergleichsweise preiswert. Ein Tipp: Kommen Sie mit der Bahn, denn Parkplätze sind in der engen Stadt rar. [124 B4]

▓▓ SEHENSWERTES ▓▓

ACQUARIO [U C3]
Der berühmte Meerwasserzoo im Alten Hafen mit Haien, Pinguinen etc. – s. Kapitel „Mit Kindern reisen".

gen Mo–Fr 9, 10.30 und 12 Uhr | Mura di San Bartolomeo 16 c | www. castellomackenzie.it

COMMENDA
SAN GIOVANNI DI PRÈ [U B1–2]
Dieser wunderschöne romanische Kirchen- und Klosterkomplex in den für Genua so typischen Farben Grau und Weiß unweit des Bahnhofs an der lebhaften Altstadtachse Via de

Prè ist Johannes dem Täufer geweiht, dessen Asche (heute im Dom) hier einst aufbewahrt wurde.

GALATA MUSEO DEL MARE [U C2–3]

In alten Werftanlagen im Porto Antico ist das neue, moderne Museum zur Geschichte der Schifffahrt untergebracht, mit anschaulichen Szenen, Modellen, Filmausschnitten. Vergessen Sie nicht den Ausblick vom ☀ Dach! *Nov.–Feb. Di–Fr 10–18, Sa/So 10–19.30, März–Okt. tgl. 10 bis 19.30 Uhr | Calata De Mari 1 | www.galatamuseodelmare.it |*

GALLERIA DI PALAZZO REALE ★ [U C2]

In diesem monumentalen Palast mit schönen Hängegärten residierten die italienischen Könige während ihrer Genuaaufenthalte. Die zauberhafte Spiegelgalerie und kostbares Mobiliar zeigen den luxuriösen Lebensstil während des goldenen Zeitalters von Genua. *Di/Mi 9–13.30, Do–So 9–19 Uhr | Via Balbi 10 | www.palazzorea legenova.it*

GALLERIA NAZIONALE DI PALAZZO SPINOLA [U D3]

Mitten im Gassengewirr der Altstadt erhebt sich der noble Wohnpalast der Familie Spinola, die ihn dem italienischen Staat schenkte, mitsamt der prachtvollen Einrichtung, großartiger Spiegelgalerie und einer hochkarätigen Gemäldesammlung. Von der kleinen ☀ Dachterrasse aus hat man einen phantastischen Rundblick über die Dächer Genuas. *Di–Sa 8.30 bis 19.30, So 13.30–19.30 Uhr | Piazza Pellicceria 1 | www.palazzospino la.it*

Insider Tipp

LOGGIA DEI MERCANTI [U C–D3]

Genueser Händlergeist: An der lebhaften Altstadtgasse Via San Luca liegt die *Piazza dei Banchi,* ehemals der Platz der Geldwechsler, mit der

MARCO POLO HIGHLIGHTS

Arkadenhalle Loggia dei Banchi oder dei Mercanti (16. Jh.), in die im 19. Jh. die erste Warenbörse Italiens einzog (heute Ausstellungshalle). Selbst die ockerrot gestreifte Kirche *San Pietro* (12./17. Jh.) steht auf einem Sockel aus Geschäften.

MUSEO LUZZATI [U C3]

Lassen Sie sich den zauberhaften Zeichentrickfilm über Genua zeigen, ein Werk von Emanuele Luzzati, Sohn Genuas und Italiens berühmtester Bühnenbildner und Illustrator. *Di–So 10–18 Uhr | im Porto Antico, Porta Siberia | www.museoluzzati.it |*

Insider Tipp

MUSEI DI STRADA NUOVA (PALAZZO ROSSO, PALAZZO BIANCO, PALAZZO DORIA TURSI) [U D2–3]

Ein neu geordneter Museumskomplex aus drei alten Palazzi an der Prachtstraße Via Garibaldi: Dazu gehören die beiden berühmten Gemäldesammlungen (Dürer, Veronese, Zurbaran, Rubens, Van Dyck, Caravaggio u. a.) des Palazzo Rosso (Nr. 18) und des Palazzo Bianco (Nr. 11) sowie der neu zugänglich gemachte *piano nobile* des Rathauses, des wunderschönen Palazzo Doria Tursi, der nun mit dem benachbarten Palazzo Bianco verbunden ist. *Di–Fr 9–19, Sa/So 10–19 Uhr | Via Garibaldi | www.stradanuova.it*

PALAZZO DUCALE [U D3]

Der einstige, sehr imposante Amtspalast des Dogen (seit 1339) ist heute das Kulturzentrum Genuas schlechthin und Ort bedeutender Kunstausstellungen. Hinzu kommen Cafés, Restaurants sowie Antiquitäten- und Buchläden. Man begann mit dem Bau im 14. Jh., seine prächtige klassizistische Fassade erhielt er im 18. Jh. *Bei Ausstellungen Di–So 9 bis 21 Uhr | Piazza Matteotti | www.palazzoducale.genova.it*

PALAZZO DEL PRINCIPE DORIA PAMPHILJ [U A1]

Die Herrscherresidenz, die sich der von Karl V. zum Fürsten über die Republik Genua erhobene Condottiere Andrea Doria errichten ließ, lag damals, im 16. Jh., in weiten Parkanlagen, die im 19. und 20. Jh. dem Bahnhof, Hafen- und Industriegelännden weichen mussten. Sorgfältig restauriert, erfreut der Palazzo mit kostbarer Innenausstattung. *Fr–Mi 10–17 Uhr | Via San Benedetto 2 | www.doriapamphilj.it*

PALAZZO SAN GIORGIO [U C3]

Im Mittelalter Sitz des Volksoberhauptes Capitano del Popolo, dann des Zollamtes, zog im 16. Jh. die berühmte Genueser Bank San Giorgio hier ein. In jener Zeit bekam er seine heutige Gestalt und die wunderschöne, kürzlich restaurierte Fassadenbemalung mit dem siegreichen Drachentöter Georg. Heute hat hier die Hafenbehörde ihren Sitz. *Via della Mercanzia 2*

PORTO ANTICO (ALTER HAFEN) [U A–C 2–3]

Dank der Neugestaltung durch Genuas großen Architekten Renzo Piano in den Neunzigerjahren ist der Alte Hafen das Freizeitareal der Genueser geworden: Hier wird flaniert und geskatet, hier finden sich die neuen Museen (Aquarium, Meeresmuseum, Antarktismuseum), es gibt

Cafés, Restaurants, Shops, Hotels, einen Konzertplatz, den nachgebauten historischen Schoner Nettuno und die beiden ✹ Panoramatürme, den neuen *Bigo (Sommer Di–So 10 Uhr–Sonnenuntergang, Winter Sa/So 10–17 Uhr)* mit Aufzug und den alten Leuchtturm ★ ✹ *Lanterna (Sa/So 10–18 Uhr)*, das Wahrzeichen Genuas, mit einem kleinem Stadtmuseum im Sockel. Von den Hafenpiers starten Schiffe zur Hafenrundfahrt, zur Halbinsel von Portofino, zum Whalewatching *(www.battellierige nova.it, www.alimar.ge.it)*. Zu Events und Infos: *www.portoantico.it*

SAN LORENZO ★ [U D3]

In der Lünette über dem Hauptportal sieht man den hl. Laurentius, dem der Dom geweiht ist, auf dem Rost, sein Martyrium: eine von vielen plastisch-anschaulich in Stein gemeißelten Geschichten an der Domfassade. Weitere Entdeckungen sind römische und byzantinische Reliefreste im Mauerwerk. In romanisch-gotischem Mischstil besticht der schwarzweiß gestreifte Bau außen wie innen. Blickfang im Innern ist die Johannes dem Täufer geweihte Marmorkapelle im linken Seitenschiff. Die englische Granate im rechten Seitenschiff landete 1941 während einer Bombardierung Genuas in der Kirche, explodierte wundersamerweise aber nicht. Unbedingt besuchenswert ist das reizvoll modern gestaltete *Domschatzmuseum (Museo del Tesoro di San Lorenzo | Mo–Sa 9–12 und 15 bis 18 Uhr | www.museosanlorenzo. it)*. Es hütet den sogenannten Heiligen Gral, eine smaragdgrüne, sechseckige Glasschale, die das Blut des

Schwarzweiße Streifen prägen San Lorenzo von innen wie von außen

Christus, den Wein des Abendmahls, enthalten haben soll. *Piazza San Lorenzo*

SAN MATTEO [U D3]

Das romanisch-gotische Kirchlein (im Innern barock, seitlich ein Kreuz-

An der Via Garibaldi steht auch der Palazzo Rosso mit seinen berühmten Sammlungen

gang) liegt an einer beschaulichen Piazza mit imposanten Stadthäusern, alle in den typischen Farben Grau und Weiß. Das ganze Ensemble war einst das Wohnviertel der mächtigen Doria-Familie, der Doge Andrea liegt in der Krypta begraben. *Piazza San Matteo*

SANTA MARIA DI CASTELLO [U C4]

Im Stadtteil Castello im Südwesten der Altstadt zieht es Besucher zum wunderschönen Klosterkomplex der Dominikaner, ursprünglich aus dem 5. Jh., dann romanisch, im 15. Jh. zusätzlich ausgeschmückt, mit einem sehenswerten *Konventmuseum (Mo bis Sa 9–12 und 15.30–18.30, So 15.30–18.30 Uhr). Salita Santa Maria di Castello*

TEATRO CARLO FELICE [U D3]

Das im Zweiten Weltkrieg zerstörte Opernhaus ist 1991 von Aldo Rossi hinter alten Fassadenresten hochmodern und mächtig neu erbaut worden. *Piazza De Ferrari*

VIA GARIBALDI ★ [U D2–3]

Jede Hausnummer an dieser kurzen Straße (250 m) mitten im Zentrum steht für einen prachtvollen Renaissancepalazzo der steinreichen Bankiers- und Händlerfamilien des goldenen Zeitalters Genuas, des 16./17. Jhs. In viele kann man hineinschauen, denn sie sind heute Banken, Handelskammer, Museen mit wertvollen Gemäldesammlungen *(Palazzo Rosso, Nr. 18, Palazzo Bianco, Nr. 11)*, Rathaus *(Palazzo Tursi)*.

ESSEN & TRINKEN

Noch finden sich in der Altstadt die traditionellen Imbissstuben, wo man die *focaccia* oder die *farinata* bekommt (z. B. *Antica Sciamadda* [U C3] | *Via San Giorgio 14 r*). Eine der letzten *friggitorie,* wo man neben der *farinata* auch Gemüsetorten, Kutteleintopf und vieles mehr bekommt, ist die *Friggitoria Carega (* [U C3] | *Mo bis Sa von frühmorgens bis 20 Uhr |*

Via Sottoripa 113 r | €). Neu hingegen sind die zahlreichen orientalischen Imbissstuben.

BAKARI [U D3]

Schönes Restaurant in einer Altstadtgasse mit viel Atmosphäre und sorgfältig zubereiteten Speisen. *Sa-Mittag, So und Mo geschl. | Vico del Fieno 16 r | Tel. 01 02 47 61 70 | €€*

BALDIN [0]

Ein schönes Lokal, ein junger, engagierter Koch, eine moderne, einfallsreiche Küche: Das lohnt den Ausflug in den Vorort Sestri Ponente. *So/Mo geschl. | Piazza Tazzoli 20 r | Tel. 01 06 53 14 00 | www.ristorantebaldin.com | €€–€€€*

LA BITTA DELLA PERGOLA [0]

Wenn die Genueser exzellent speisen wollen, gehen sie in dieses elegante Lokal außerhalb der Altstadt. *So-Abend und Mo geschl. | Via Casaregis 52 r | Tel. 010 58 85 43 | €€€*

LE CANTINE SQUARCIAFICO [U C3]

Im säulengestützten Untergeschoss des Altstadtpalazzos Squarciafico beim Dom; lockeres, stimmungsvolles Ambiente, leichte Küche. *Tgl. | Piazza Invrea 3 r | Tel. 01 02 47 08 23 | www.squarciafico.it | €– €€*

TRATTORIA FRANCA [U D3]

Ein gemütliches, immer volles Traditionslokal in der Altstadt, mit guter Fischküche. *Mo geschl. | Vico della Lepre 8 | Tel. 01 02 47 44 73 | €€–€€€*

SOPRANIS [U D4]

In Domnähe in den restaurierten Gewölben eines Altstadtpalazzos einfallsreiche Fischküche (€€–€€€), Holzofenfladen (€) und preiswerter Mittagstisch (€). *Sa-Mittag und So-Mittag geschl. | Piazza Valoria 1 r | Tel. 01 02 47 30 30 | www.sopranis.com | €€*

UGO [U C4]

Eine lebhafte, handfeste Trattoria in der Altstadt. *So/Mo geschl. | Via Giustiniani 86 r | Tel. 01 02 46 93 02 | €–€€*

EINKAUFEN

An den größeren Straßen, die von der *Piazza De Ferrari* [U D3–4] abgehen – *Via XXV Aprile, Via XX Settembre, Via Roma* usw. –, liegt ein Geschäft neben dem anderen. Eine überdachte Einkaufsmeile ist die *Galleria Maz-*

zini [U D3]. In der Altstadt stößt man noch auf herrlich altmodische Läden, z. B. mit feiner Konfiserie *(Confetteria Romanengo | Via Soziglia 74 r |* [U D3]*)* oder mit exotischen Gewürzen *(Drogheria Torrielli | Via San Bernardo 32 r |* [U D4]*)*. Eine tolle Auswahl an ligurischen Spezialitäten hat *La Tavola del Doge (Palazzo Ducale | Piazza Matteotti 80 r |* [U D3]*)*, glamouröse und witzige Designerstücke in grandiosen Sälen finden Sie bei *Via Garibaldi 12* [U D2–3] ebenda an der Prachtstraße. Und selbst markterfahrene Reisende kommen auf dem ★ *Mercato Orientale (Mo bis Sa | Via XX Settembre/Via Galata* [U E–F4]*)* ins Schwärmen – ein auch optisch wunderbarer Lebensmittelmarkt in den Mauern eines alten Klosters.

▰ ÜBERNACHTEN

BENTLEY ☙ [U E5]

Nahe der Messe schicker, moderner Luxus in einem eleganten Hotelgebäude der Dreißigerjahre. *99 Zi. | Via Corsica 4 | Tel. 01 05 31 51 11 | Fax 01 05 31 58 00 | www.thi.it/hotels/bentley-hotel.html |* €€€

COLOMBO [U D4]

Kleines, verspieltes Hotel mit Dachterrasse mitten im Zentrum. *15 Zi. | Via Porta Soprana 27 | Tel./Fax 01 02 51 36 43 | www.hotelcolombo.it |* € – €€

BED & BREAKFAST COLUMBUS VILLAGE

Vermittlung von Zimmern in der Innenstadt und Umgebung in allen Preisklassen (DZ 40–150 Euro). *Tel./Fax 01 03 77 39 72 | www.columbus village.com*

JOLLY HOTEL MARINA ⚓ ☙ [U C3]

Gehobener Standard, tolle Lage auf dem Pier im Porto Antico! *140 Zi. | Molo Ponte Calvi | Tel. 01 02 53 91 | Fax 01 02 51 13 20 | www.jollyho tels.it |* €€€

METROPOLI ☙ [U D3]

Angenehmes Mittelklassehotel, zentral gelegen. *48 Zi. | Piazza Fontane Marose | Tel. 01 02 46 88 88 | Fax 01 02 46 86 86 | www.bestwestern.it/metropoli_ge |* €€

▰ AM ABEND

ALTSTADT [U C–D3]

An schönen Abenden treffen sich die jungen Leute an der ▶▶ *Piazza delle Erbe* vor der Kneipe Berto oder an der ▶▶ *Piazza della Lepre.* Treffpunkt der alteingesessenen Künstlerszene ist die ▶▶ *Ostaja di Banchi (Vico de' Negri 17 r)* zu starken Drinks und spätem Gitarrenspiel. Sehr angesagt ist der Aperitif, z. B. im entzückenden alten *Caffè degli Specchi (Salita Pollaiuoli 43 r)* oder im theatralischen *Histoire Café Garibaldi (Via Ai Quattro Canti di San Francesco 40 r).*

Im Sommer verlagert sich die Szene an die Küstenstraße ▶▶ *Corso Italia* mit Moonlightdiskos und Sundownerbars. Exzellente Website über die Szene, neue Lokale, Events und vieles mehr: *www.mentelocale.it*

THEATER

Ein sehr gutes Prosatheater ist das *Teatro della Tosse (Piazza Negri 2 | Tel. 01 02 47 07 93 | www.teatrodella tosse.it)*. Opernfans gehen ins *Teatro Carlo Felice (Piazza De Ferrari | Tel. 010 58 93 29 | www.carlofelice.it)*.

AUSKUNFT

Stazione Principe [U B1] | *Tel./Fax 01 02 46 26 33; Porto Antico* [U C3] | *Tel. 01 02 53 06 71; Infokiosk Piazza Matteotti am Palazzo Ducale* [U D3–4]; *Aereoporto Cristoforo Colombo* [0]; *www.aptgenova.eu*

ZIELE IN DER UMGEBUNG

CIMITERO DI STAGLIENO ⭐ [124 B4]

Eine regelrechte Totenstadt am nördlichen Stadtrand mit der schmachtend-naturalistischen Trauerbildhauerei des 19. Jhs. *Tgl. 7.30–17 Uhr | Piazzale Resasco | www.cimiterodi staglieno.it*

FESTUNGSANLAGEN ☀ [124 B4]

Ein Dutzend teils gut erhaltener, herrlich gelegener Forts aus dem 16./17. Jh. sind über einen Wanderweg (drei bis vier Stunden) miteinander verbunden. Er beginnt beim ☀ Aussichtshügel *Righi*, den man mit der Standseilbahn vom *Largo della Zecca* [U C–D2] aus erreicht.

MADONNA DELLA GUARDIA ☀ [124 A3]

Auf dem Monte Figogna erhebt sich diese prunkvolle Wallfahrtsstätte, die bedeutendste Liguriens, mit sehenswerter Exvotosammlung. *www.san tuarioguardia.it*

Insider Tipp

NERVI [124 C4–5]

Der schöne Vorort bietet einen wunderbaren ☀ Klippenspaziergang, gepflegte Parks mit interessanten Museen und das zauberhafte Villenhotel *Villa Pagoda (13 Zi. | Via Capolungo 15 | Tel. 01 03 72 61 61 | Fax 010 32 32 00 | www.villapagoda. it | €€€)* und bildet so einen idealen Auftakt zur Levanteküste.

Auf Stelzen wird ein Großteil des Verkehrs am Hafen vorbeigeführt

> MIT DEM AUTO UND ZU FUSS DURCH DAS UNBEKANNTE LIGURIEN

Einen Zipfel Meer haben Sie in Ligurien dabei fast immer im Blick

Die Touren sind auf dem hinteren Umschlag und im Reiseatlas grün markiert

1 IM ÄUSSERSTEN ZIPFEL DER PONENTE

In der westlichsten Ecke Liguriens vereinen sich die beiden Seelen der Ligurer: die eine vom weiten, blauen Meereshorizont geprägt, die andere vom bergigen Hinterland. Die hier vorgeschlagene Route von 140 km eignet sich gut als Tagestour mit Mittagseinkehr. Sie beginnt bei den Badeorten San Remo oder Arma di Taggia und steigt über Taggia durch das schmale Tal Valle Argentina hinauf, vorbei an Olivenhainen, durch Kastanien-, Steineichen- und Lärchenwälder, durch wilde Felslandschaften. Nach Triora, dem Dorf der Hexen und Mühlen, geht es weiter hinauf nach Realdo und Verdeggia, dicht am Länderdreieck zu Frankreich und Piemont, Bergdörfer von stolzer Verschlossenheit und mit ganz eigenem Dialekt. Zurück geht es über Pigna und Dolceacqua nach Ventimiglia bzw. Bordighera, wo Sie wieder die Küste erreichen.

Bild: Spielkasino in San Remo

AUSFLÜGE & TOUREN

Von San Remo *(S. 42)* geht es die Küste entlang nach Arma di Taggia und dort landeinwärts auf der SS 548 ins Tal Valle Argentina – zunächst in den Ort Taggia mit sehenswertem mittelalterlichem Zentrum, der gotischen Klosteranlage San Domenico, der grandiosen mittelalterlichen Brücke aus 16 Bogen über den Bergfluss Argentina und der romanischen Kirche Madonna del Canneto. Nun steigt das Tal an, wird eng, lässt Blu-

menzucht und Oliven hinter sich und erreicht die alten, beschaulichen Dörfer Badalucco und Montalto Ligure (hier in der Kirche San Giorgio Fresken aus dem 14. Jh.). Die Spezialität der Restaurants in Badalucco ist Stockfisch, und wer hier ein paar Tage in einer schönen ländlichen Einkehr mit Pool und gutem Restaurant *(Mo/Di geschl. | €€)* verweilen möchte, quartiert sich in der Locanda Le Macine del Confluente *(6 Zi. | Ortsteil Oxentina |*

Tel./Fax *01 84 40 70 18* | *www.lema cinedelconfluente.com* | €) ein. Ein Abstecher führt ins abgeschiedene, mittelalterliche Carpasio mit einem Museum *(April–Okt. Sa/So 9–18 Uhr)* zum Widerstand während des Faschismus.

Abwechslungsreich, vorbei an Felswänden und offenen Wiesen, gelangen Sie dann nach Molini di Triora, einem sympathischen Bergort, wo die Bergbäche Argentina und Capriolo zusammenfließen und einst 27 Getreidemühlen in Gang hielten. Zur Einkehr mit Rotwein aus hiesigem Anbau und vor allem den berühmten Bergschnecken lädt das gemütliche Ristorante Santo Spirito *(Mi geschl. | Tel. 018 49 40 19 | Fax 01 84 94 79 00 | www.ristorantesantospirito.com | €)* mit zwölf netten Hotelzimmern ein.

Der kleine Ort Triora muss einmal reich und bigott gewesen sein, nach den Ruinen von fünf Festungsanlagen und nach den zehn Kirchen und stattlichen Wohnhäusern zu urteilen. Und berühmt-berüchtigt wegen der Hexenverfolgung, wie das Hexenmuseum Museo Etnografico e della Stregoneria *(Mo–Fr 15–18, Sa/So 10.30–12 und 15–18 Uhr | Corso Italia 1)* zeigt. Im Schlemmerladen La Strega di Triora *(Corso Italia 50 | www.lastre gaditriora.it)* bekommen Sie erstklassige Bergkäse, eingelegte Pilze und Oliven, aber auch den „Hexenkuss" und Liebeselixiere.

Hoch am Felsen kleben Dörfer wie Realdo und Verdeggia, hier starten auch Gebirgstouren (Infos zu Trekking- und Klettertouren in der Alta Valle Argentina bei der Touristeninformation in Triora *(Corso Italia 7 | Tel. 018 49 40 49 | www.comune.triora.im.it)*.

Wieder zurück über Triora geht es nun in Serpentinen durch Kastanienwälder, über die Alpkuppe Colla di Langan mit den nahen Berghütte Colle Melosa (Abstecher hin und zurück 13 km), beliebte Ausgangspunkte für Bergtouren.

Auf der Rückfahrt durch das Nerviatal hinunter zur Küste ist die nächste Station Pigna mit seinen dunklen, engen, mit Bogen überzogenen Gassen. Vor den Toren Pignas überraschen Schwefeldünste und eine moderne, aufwendige Thermalanlage mit Spa und Beauty *(www.ter medipigna.it | €€€)*. Mittelalterlich geprägt sind auch Isolabona und das abseits und herrlich gelegene ☃ Apricale. Hier in der Altstadt laden sechs charmante Zimmer in der romantischen Locanda dei Carugi *(Via Roma 12/14 | Tel. 01 84 20 90 10 | Fax 01 84 20 99 42 | www.locandadeica rugi.it | €€)* ein. Es folgen die Winzerstädtchen Dolceacqua *(S. 49)* und Camporosso, und schließlich haben Sie auch wieder die Küste mit Ventimiglia *(S. 48)* und Bordighera *(S. 34)* erreicht.

2 DIE TÄLER VON CHIAVARI HINAUF

Auch der Tagesausflug in die Täler oberhalb von Chiavari (140 km) kann mit einem Stück Küste beginnen: Schließlich gehört zum Bild Liguriens immer beides, das Meer und die Berge. Gefahren lauerten früher überall, im steilen Gestein, in den einsamen Wäldern, in der rauen Brandung. So entstanden mit der Bitte um Schutz zahlreiche Wallfahrtskirchen, meist herrlich gelegen und manche mit herzergreifenden Votivbildern, die von

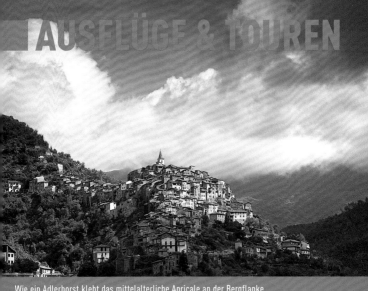

Wie ein Adlerhorst klebt das mittelalterliche Apricale an der Bergflanke

den überstandenen Schrecken und gefährlichen Zeiten der Fischer, Bauern und Hirten erzählen. **Auf dem Weg von Moneglia über Sestri Levante und Chiavari bis hinauf in den Bergferienort Santo Stefano d'Aveto liegen solche Stätten, in denen im Sommer Feste mit Prozessionen, Markt- und Schlemmerständen sowie phantastischen Feuerwerken stattfinden.**

Zum Auftakt laden bei Moneglia angenehme Strände ein, etwa die berühmte Spiaggia La Secca, zu Fuß von der Küstenstraße am nordwestlichen Ortseingang zu erreichen. Über die besser ausgebaute Via Aurelia geht es zu den Küstenorten Sestri Levante *(S. 58),* Lavagna (mit altem Ortskern und berühmt für die nahen Schieferbrüche) und Chiavari *(S. 56).* Landeinwärts öffnet sich das Entellatal, und nach 3 km geht es hinauf zur anthrazit und weiß gestreiften Basilica dei Fieschi *(S. 57).*

Weiter fahren Sie auf der SS 225, die bald den Weg ins Fontanabuonatal einschlägt, halten sich dann aber Richtung Borgonuovo, um schließlich die Linksabzweigung ins Sturlatal nach Borzonasca zu nehmen. Hier lohnt der Abstecher hinauf zur mittelalterlichen Abtei Abbazia Borzone, in stimmungsvoller Einsamkeit gelegen.

Die Route windet sich dann weiter auf den Forcellasattel, tritt ins Avetotal ein, erreicht das Bauerndorf Cabanne, das sich in einer weiten Mulde ausdehnende Rezzoaglio mit seinen mittelalterlichen Brücken und schließlich den Bergferienort Santo Stefano d'Aveto *(www.valdaveto.net).* Buchenwälder und die Kuppe des Monte Penna (1735 m) laden zu Wanderungen ein, im Winter bei besten Schneeverhältnissen auch zu Langlauf. Restaurant, Pool und tolle Lage bietet das alpin-gemütliche Grand Hotel Siva *(56 Zi. | Via Marconi 5 | Tel./Fax 018 58 80 91 | €–€€).* In der gepflegten Hosteria alla Luna Piena *(Mo geschl. | Via Ponte dei Bravi 7 | Tel. 018 58 83 82 | €–€€)* gibt es leckere Pilz- und Fleischgerichte sowie Pizza.

Die Rückfahrt zur Küste folgt bis hinter Cabanne, kurz vor dem Forcellasattel, der gleichen Strecke, nimmt dann aber die Rechtsabzweigung nach Favale di Malvaro und erreicht bei Cicagna *(S. 60)* das Fontanabuonatal. Nach 3 km talwärts folgen Sie der Rechtsabzweigung nach Rapallo *(S. 70)*, von der nach weiteren 8 km ein Abstecher zu einem der berühmtesten Wallfahrtsorte Liguriens führt, dem Santuario Madonna di Montallegro (6 km hin und zurück, *S. 71)*. Nach einem letzten reizvollen Abschnitt erreichen Sie dann bei Rapallo wieder die Küste.

3 AUF DEM KAMM ÜBER DEN CINQUE TERRE

★ ☀ Eine der schönsten Landschaften Liguriens sind die Cinque Terre (S. 72) an der Riviera di Levante: fünf auf Felsklippen sich krallende Dörfer, vorn die Gischt der Meereswellen, im Rücken die in Terrassen aufsteigende Küste aus Stein.

Die herrliche Aussicht, die großartige Landschaft und eine ganze Reihe von markierten Wegen laden zum Wandern ein. Vor allem zwei Strecken sind zu nennen: der Küstenweg Nr. 2 (mit der berühmten Via dell'Amore zwischen Manarola und Riomaggiore), der die fünf Dörfer miteinander verbindet (insgesamt ca. fünf Stunden), und der Höhenweg an der Küste Italiens, der Weg Nr. 1, der hoch oben auf dem Küstenkamm verläuft, über mehrere Berggipfel mit atemraubender Aussicht führt, bei Levanto aufsteigt und bei Portovenere wieder hinunterführt. Mit seinen zwölf Stunden (ca. 40 km) Wanderdauer ist er an einem Stück kaum zu schaffen. Daher empfiehlt es sich, ihn in zwei oder drei Etappen aufzuteilen. Eine sehr reizvolle Unterbrechung bildet der einstündige Abstieg hinunter nach Vernazza, der Aufstieg

Portovenere ist das Ziel der großen Kammwanderung in den Cinque Terre

am nächsten Morgen dauert 90 Minuten. Der Weg bietet keine großen Schwierigkeiten, und dank des milden Klimas kann man ihn, außer in der Hitze des Hochsommers, das ganze Jahr über begehen. Am schönsten ist er wohl zur Weinlese im Herbst, oder vielleicht reizt Sie diese Art Naturerleben auch im Winter.

Der Wanderweg ist rot markiert. Man braucht festes Schuhwerk, Wasser und Wegzehrung. Die Wanderkarten des italienischen Alpenvereins (CAI) oder die Kompass-Wanderkarte Nr. 644, Blatt Cinque Terre, findet man in den Buchhandlungen an der Küste.

Beginnen Sie die Wanderung im Zentrum von Levanto (S. 81) und gehen zunächst unter der alten Eisenbahnlinie hindurch am Meer entlang, am Kastell vorbei und immer weiter ansteigend über dem Meer bis zu einer Weggabelung (1,30 Std.): Rechts erscheint nun die 🌼 Landspitze Punta Mesco mit einem phantastischen Weitblick auf die Cinque-Terre-Küste, weiter an der Küste entlang Monterosso (S. 75); Weg Nr. 1 hingegen führt den Kamm hinauf. Es geht über mehrere Bergkuppen (etwa über den Montenegro mit 464 m Höhe), bis der Weg schließlich die obere Küstenstraße nach Monterosso bzw. nach Legnaro und Levanto erreicht (2 Std.).

Weg Nr. 1 folgt nun dem ansteigenden Asphaltsträßchen, das am besuchenswerten Wallfahrtsort Madonna di Soviore (S. 74) mit Übernachtungsmöglichkeit vorbeiführt, bis Sie nach 3,5 km (1 Std.) wieder die Straße verlassen. Nach 45 Min. Wanderweg erreichen Sie erneut ein Asphaltsträßchen oberhalb der Häuser von Drignana. Nach einem kurzen Straßenstück beginnt dann der Anstieg auf die Bergkuppen Montepertuso (815 m) und Monte Castello (752 m) (von Drignana 1,45 Std.).

Hier oben auf dem 🌼 Kamm beginnt das spektakulärste Teilstück der Wanderung: Herrliche Ausblicke bieten die Bergkuppen und der Kammweg (1,45 Std.).

Es folgt ein Waldstück, das sich an Wasserläufen und Quellen entlangzieht. Erneut führt der Weg über den Kamm auf und ab über Kuppen und Sattel bis zur Sella La Croce (673 m, 1,30 Std.).

Der Hauptweg geht nun in eine Staubstraße über, bis er kurz vor der Straßengabelung Bramapane wieder als Weg abzweigt, vorbei an einer Festungsanlage und über eine Serpentinenkurve der Straße hinweg wieder auf eine Staubstraße durch den Wald. Es geht bergab, immer näher der Küste zu, durchs Dorf Campiglia (1,30 Std.).

Sich auf dem linken Weg haltend, parallel zum Sträßchen, gelangen Sie im Anschluss an eine scharfe Kurve auf das Steilstück der Felsen von Muzzerone. Es ist eine ungefährliche, wenn auch die anspruchsvollste Wegstrecke, und schon nach 30 Min. ist erneut die Straße erreicht, deren Serpentinen Sie hinunterfolgen bis nach Portovenere (S. 65, 1,15 Std.). Von dort gelangt man mit öffentlichen Verkehrsmitteln zurück in die Cinque Terre. Da vom Höhenweg Nr. 1 immer wieder Wege hinab zu den Dörfern abgehen, die zur lohnenden Einkehr einladen, lässt sich diese Wanderung auch sehr gut in drei Tagesetappen aufteilen.

EIN TAG IN UND UM GENUA

Action pur und einmalige Erlebnisse.
Gehen Sie auf Tour mit unserem Szene-Scout

WARM-UP MIT AUSSICHT

7:00

Der Tag beginnt sportlich: mit einer erfrischenden Jogging-Tour auf der Küstenpromenade! Neben Walkern und Rollerskatern die Klippen entlanglaufen und beim Klang der sprudelnden Gischt wach werden. Zwischendrin stehen bleiben, die Sicht über die historische Küstenstraße und das Meer genießen und tief durchatmen – das ist ein Morgen *alla genovese*! **WO?** Nervi, Passeggiata Anita Garibaldi

8:00

ENERGIE TANKEN

Tempo drosseln und sich auf dem Weg ins *centro storico* auf eine süße Überraschung freuen. Im *Klainguti*, der ältesten Konditorei Genuas, wird jetzt das Frühstück serviert – so wie es die Italiener lieben: süß und knusprig! Unbedingt probieren: die mit Marmelade gefüllten Brioches *Falstaff* und die *Torta Zena* aus Biskuitteig und Zabaione. **WO?** *Piazza Soziglia 98/100 r | So geschl.*

VOGELPERSPEKTIVE

9:00

Schwindelfrei? Dann gehts jetzt hoch hinaus! Gemeinsam mit Marco Bini, einem erfahrenen Fallschirmspringer und Gleitschirmflieger. Vom Fontanabuonatal aus in die Lüfte steigen und per Paraglider dem Meer entgegenschweben. Genua von oben ist wunderschön! **WO?** *Start in Bogliasco (23 km von Genua entfernt) | Kosten: 80 Euro/Person | Anmeldung unter Tel. 34 96 76 23 89 | www.liguriadventure.it*

LUNCH IM FISCHERDORF

13:00

Wieder zurück auf sicherem Boden, geht die Reise weiter: Nach 20 Minuten mit dem Autobus Nr. 31 ist das Ziel, das idyllische Fischerdörfchen Boccadasse, erreicht. Entspannt in der Sonne liegen und nach der Abkühlung im Meer immer der Nase nach in die urige *Pizzeria Antico Borgo* spazieren: Hier schmeckt die *focaccia*, die ligurische Pizzavariante mit Käse, Sardellen und Gemüse, besonders lecker! **WO?** *Via Boccadasse 19 r | Tel. 01 03 76 07 37 | Mo geschl.*

24 h

RELAXTER SPORT 14:30

Noch nicht genug gesehen? Mit dem Bummelzüglein *Trenino di Casella* hinauf nach Casella, kurz die grandiose Aussicht über die wunderschönen Berge und Wälder genießen und mit dem Rad den Rückweg antreten! Action pur – auch für Untrainierte! **WO?** *Stazione del Trenino di Casella, Piazza Manin |*
Radvermietung in Casella: Cicli Cerati, Viale Europa 5 | Tel. 01 09 67 75 20 | Mo geschl.

17:00 HEISS UND KALT

Und nun wird relaxt – auf der stylishen Poolinsel im *Porto Antico*: entspannt am Pool flanieren, coolen DJ-Sets zuhören und mit einem Drink an der Loungebar dem Sonnenuntergang zuprosten. Geht nur im Sommer? Stimmt. Im Winter wird das Beachparadies im Alten Hafen gegen ein Ice-Skating-Dorado ausgetauscht! **WO?** *Sommer: Teatro Piscina | www.portoantico.it; Winter: Molo Ponte Embriaco, Area Porto Antico | www.genovaghiaccio.it*

HÄPPCHENBUFFET 19:00

Jetzt wirds köstlich: Im stylishen *Mentelocale* im *Palazzo Ducale* gibts nicht nur die besten Häppchen der Stadt. Hier tauscht die Szene in Café, Restaurant und Bar auch alle anstehenden News und einen Blick auf die neuesten Trends aus. Dabei sein ist alles! **WO?** *Palazzo Ducale, Piazza Matteotti 9 | www.mentelocale.it*

23:00 BED, BOAT AND BREAKFAST

Die Nacht wird romantisch: bei ruhigem Wellengeplätscher und leise klappernder Takelage ein letztes Glas Wein im Mondlicht trinken – und das auf dem eigenen (gemieteten) Boot! Umgeben von den Lichtern der Stadt die Nacht im Segler verbringen. Und sich aufs Frühstück in der frischen Brise freuen – das ist inklusive! **WO?** *Via XX Settembre 26 | Tel. 010 58 58 42 | Kosten: ab 30 Euro/Person | www.boatandbreakfast.net*

> PARADIES FÜR GIPFELSTÜRMER UND WASSERRATTEN

Herrliche Wanderrouten über Höhenkämme und Klippen, faszinierende Tauchgründe, surfen und segeln auf sauberem Meer

> *Mare e monti,* das Meer und die Berge, das beherrschende Szenario der ligurischen Riviera, ermöglichen jede Art von sportlicher Aktivität. Auch Ausgefalleneres wie Canyoning, Paragliding, Rafting, Orienteering steht auf dem Programm.

◾FREECLIMBING◾

Insider Tipp Die Kalkwände bei Finale Ligure gelten in der europäischen Freeclimberszene als besonders schön und abwechslungsreich: Mehr als 1500

Kletterrouten finden sich hier. Klettern kann man auch im oberen Argentinatal oberhalb von San Remo, in der Val Pennavaire oberhalb von Albenga, an der Levante bei Sestri Levante und bei Muzzerone in den Cinque Terre. *www.bikeandclimbup. ch, www.blumountain.it*

◾GOLF◾

Golf ist sehr angesagt, und für die nächsten Jahre ist die Entstehung

SPORT &
AKTIVITÄTEN

zahlreicher Plätze vorgesehen. Doch jetzt schon werden Golfspieler fündig, das milde Klima der Riviera macht es zudem möglich, das ganze Jahr über zu spielen. In San Remo spielt man auf einem der traditionsreichsten Golfplätze Italiens, der schon 1927 angelegt wurde: *Circolo Golf degli Ulivi | 18 Löcher | Strada Campo Golf 59 | Tel. 01 84 55 70 93 | Fax 01 84 55 73 88.* Ein schöner Platz für Anfänger wie Experten liegt in Garlenda oberhalb von Albenga: *Golf Club Garlenda | 18 Löcher | Via del Golf 7 | Tel. 01 82 58 00 12 | Fax 01 82 58 05 61.* Inmitten eines Pinienwalds liegt der *Golfclub von Arenzano* mit Tennis und Pool nahe Genua: *9 Löcher | Piazza del Golf 3 | Tel. 01 09 11 18 17 | Fax 01 09 11 12 70.* Einen landschaftlich besonders reizvollen Platz bietet Rapallo: *Circolo Golf Rapallo | 18 Löcher | Via Mameli 377 | Tel. 01 85 26 17 77 | Fax*

01 85 26 17 79. Schließlich gibt es bei Lerici den *Golf Club Marigola | 9 Löcher | Via Biaggini 5 | Tel./Fax 01 87 97 01 93.* Informationen auch auf der Website *golfing.it.*

MOUNTAINBIKING

Die Berge im Hinterland der Riviera auf dem Mountainbike zu erkunden ist nicht nur bei Touristen, sondern auch unter den Einheimischen sehr beliebt. Die zahlreichen MTB-Routen Liguriens führen über Forstwege und alte Maultierpfade, über ausgezeichnete Wanderwege, durch Wälder und über Hangwiesen. Die Fremdenverkehrsämter helfen mit Infos und Adressen zu MTB-Routen und Radverleih. In den Lokalzügen ist die Mitnahme von Rädern erlaubt. Eine sehr beliebte MTB-Gegend ist das Gebiet um Finale Ligure mit einer Website zum Thema *(www.finalbi king.com),* einem exzellent ausgestatteten Outdoorshop in Finalborgo *(Via Nicotera 3/5 | www.rockstore.it)* und einem internationalen MTB-Treffen alljährlich am dritten Maiwochenende *(www.24hfinale.com).*

PARAGLIDING

In der Luft über die Steilküsten segeln – für die, die es sich trauen, kann man sich kaum ein atemraubenderes Szenario vorstellen. An der Riviera di Ponente wie an der Levante gibt es entsprechende Flugschulen, z. B. den Verein der Freunde des Outdoorsports in Ligurien *(www.ligu riadventure.it).* Zum Drachen-, Gleitschirm- und Fallschirmfliegen trifft man sich beim Festival del Vento am ersten Aprilwochenende in Spotorno *(www.albatrospara.it).*

REITEN

Wer im Sattel durch die Wälder und über die Wiesen streifen möchte, findet ein paar Dutzend Reitställe im hügeligen Hinterland der Küste. Die Fremdenverkehrsämter helfen mit Adressenlisten. Auch einige Bauernhöfe, die Ferienunterkünfte anbieten, halten für ihre Gäste Reitpferde. Ein besonders gut geführter Reiterhof mit deutschsprachigem Besitzer und 20 Tieren, auf denen man auch an mehrtägigen Wanderritten teilnehmen kann, liegt an der Ponente bei Dolcedo nahe Imperia: *Maneggio Mulino Martino | Via Clavi 13 | Tel./Fax 01 83 28 07 82 | Handy 33 91 83 39 44 | www.mulinomartino.de*

SEGELN & WINDSURFEN

An guten Tagen wimmelt es nur so von weißen Segeln vor der Rivieraküste, im Hochsommer herrscht dagegen häufig Flaute. Praktisch jeder größere Badeort verfügt über einen Sporthafen, es gibt über 60 Segelvereine, von denen zahlreiche auch Segelkurse anbieten sowie Boote jeder Art und Größe verleihen. Im Herbst und Frühjahr weht der Libeccio aus Südwest, ideal für die Windsurfer, die sich am Strand von Imperia treffen. Varigotti hat bei der Badeanstalt Bagni Marinella eine gute Surfschule zu bieten, und auch Varazze und Levanto sind beliebte Spots. Brettverleih und Unterricht findet man direkt an vielen Stränden.

TAUCHEN

Die ligurische Küste ist dank ihrer Felsigkeit ein Taucherparadies, fast überall geht es nach wenigen Metern schon sehr rasch in die Tiefe. Besonders schöne Unterwasserwelten finden sich z. B. bei Ventimiglia an den Balzi Rossi mit weiten Seegrasfeldern. Am Inselchen Isolotto di Bergeggi südwestlich von Savona können Taucher in 35 m Tiefe Stalaktiten und Stalagmiten bestaunen. Traumhafte Meeresgründe bietet die Levanteküste, vor allem um die Halbinsel Portofino, vor der Küste der Cinque Terre und im Golf von La Spezia. Der Meeresgrund vor Portofino und vor den Cinque Terre steht unter Naturschutz. Tauchschulen, *scuola sub* oder *diving center* genannt, mit Ausrüstungsverleih finden sich in allen größeren Badeorten, schauen Sie auf die Website *www.liguriadiving.com.*

■ WANDERN ■

★ Wandern gehört zu den Highlights eines Ligurienurlaubs. Für jeden Anspruch gibt es geeignete Wandertouren, besonders beliebt sind die Cinque Terre, aber auch die hoch gelegenen Naturparks wie z. B. der Parco Monte Beigua oberhalb von Varazze. Den eigentlichen Höhepunkt – im wahren Sinn des Wortes – bildet die ✲ *Alta Via dei Monti Liguri (s. Kasten S. 18).* Hilfreich für Wanderungen in Ligurien ist auch die gute Website *www.italienwandern.de.*

■ WILDWASSERSPORT ■

Kajakfahren, Rafting, Canyoning: Die Bergtäler mit ihren Sturzbächen bieten beste Möglichkeiten für alle, die es mit diesen Wassergewalten aufnehmen möchten. Besonders beliebt sind die oberen und mittleren Läufe der Bergflüsse Argentina oberhalb von San Remo und Vara oberhalb von La Spezia.

Segeln, surfen, tauchen: Ligurien stellt Wassersportler vor die Qual der Wahl

> WALE UND HAIFISCHE GUCKEN

Märchenhafte Tropfsteinhöhlen, simulierte Erdbeben und eine „Stadt der Kinder": Ligurien bietet auch kleinen Urlaubern mehr als Strand und Badespaß

> Manchmal bekommt man, ob Kind oder Erwachsener, Lust auf etwas anderes, muss einfach mal einen Tag Pause von Meer und Strand machen – nicht zuletzt, weil Ligurien ein paar Attraktionen zu bieten hat, die man sich als Familie nicht entgehen lassen sollte.

Da ist z. B. das Aquarium von Genua mit seiner überreichen Sammlung an Meeresgetier in großen Wasserbecken, darunter sogar ein paar zähnefletschende Haifische. Große Meeresbewohner lassen sich aber auch auf dem offenen Meer ausmachen: Wale und Delphine, an deren Tummelplätze weit draußen vor der Küste Schiffsausflüge heranführen. Außerdem gibt es Tropfsteinhöhlen, Museen mit Hexen, mit Dinosaurierspuren, mit geflügelten Eichhörnchen, Museen, in denen gezeigt wird, wie man früher lebte. Ein Bergwerk kann man besuchen, aber auch ein Wasserspaßbad.

Bild: Aquarium in Genua

MIT KINDERN REISEN

An der Riviera geht es im Allgemeinen ausgesprochen kinderfreundlich zu. Kindergeeignete Strände mit Sand oder kleinen Kieseln, von denen es seicht ins Meer hineingeht, finden sich vor allem an der Ponente. In vielen Hotels und Ferienanlagen bekommen Sie Preisnachlässe für kleine Kinder, Kinderteller und Kinderbetten. Seit Kurzem gibt es in Finale Ligure sogar ein Hotel, das nur Familien mit Kindern als Gäste ak-

zeptiert und entsprechend ausgerüstet ist: mit Küchenzugang rund um die Uhr, Menüabsprache etc. *(Hotel Villa Ada | Via Genova 4 | Tel. 019 60 16 11 | Fax 019 60 13 03 | www.hoteldelbambino.com).*

▆ RIVIERA DI PONENTE ▆▆▆

ERLEBNISPARK LE CARAVELLE
IN CERIALE   [121 F3]

Karavellen hießen die Schoner, mit denen der Genuese Christoph Kolumbus aufbrach und Amerika entdeckte. In reduziertem Ausmaß dümpeln sie zum Draufrumklettern in der Wasserlandschaft dieses nach ihnen benannten Erlebnisparks – eine Landschaft, die versucht, die Reise von Kolumbus und die damalige Zeit, das 15. Jh. in Genua, in Spanien, schließlich in der Karibik, lebendig werden zu lassen. Zum reinen Vergnügen gibt es zahlreiche Arten von Wasserrutschen und diverse Schwimm- und Plantschbecken – für jede Altersstufe etwas. Außerdem Animation, Eiscafés und ein Selbstbedienungsrestaurant. *Juni–Sept. tgl. 10–19 (Juli/Aug. Mi und So bis 22) Uhr | 18 Euro, Kinder 4–11 Jahre 13 Euro, bis 3 Jahre frei | Via Sant'Eugenio 51 | www.lecaravelle.com*

GROTTE DI TOIRANO ⭐ [121 F2]

In ein paar der 70 Höhlen hat man Skelettreste vom sogenannten Höhlenbär sowie Spuren steinzeitlicher Behausungen gefunden. Einige dieser traumhaften Tropfsteinhöhlen, die sich im Innern der hellen Kalkberge oberhalb von Toirano befinden, kann man auf einem anderthalbstündigen Spaziergang durchwandern. Der Phantasie sind keine Grenzen gesetzt: Mal wähnt man sich in einem versteinerten Blumengarten, mal in den kristallinen Eingeweiden irgendeines Riesenmonsters. Zu den in ganz Italien berühmten Tropfsteinhöhlen gelangt man bei Loano zwischen Albenga und Finale Ligure etwa 5–6 km landeinwärts. *Tgl. 9.30 bis 12.30 und 14–17 Uhr | 11 Euro, 5 bis 14 Jahre 6 Euro | www.toirano grotte.it*

VOLKSKUNDEMUSEUM IN CERVO [121 E4]

In den Räumen der Burg zeigt der passionierte Heimatforscher und Erinnerungshüter Roberto Ferrero, was er alles zusammengetragen hat an Werkzeugen, Gerätschaften, Einrichtungsgegenständen, Kinderspielzeug, Haushaltsgeräten, die das Handwerker- und Bauernleben vor noch gar nicht langer und doch schon so ferner Zeit illustrieren. Ferrero hat dazu lebensgroße Puppen (die ihm übrigens ähneln) gebaut, die die Tätigkeiten anschaulich vorführen. *Museo Etnografico del Ponente Ligure | Mo–Sa 10–12.30 und 16–18.30, im Winter bis 16.30 Uhr | Eintritt frei | Spende erwünscht*

WHALEWATCHING

Delphine und bis zu 24 m lange Wale tummeln sich draußen vor der ligurischen Küste. Natürlich stehen sie unter strengem Naturschutz. Von Juni bis Mitte Sept. starten tgl. (Mitte Sept.–Mai nur Sa/So) von den Häfen in *Imperia* [121 E5], *Finale Ligure* [122 C6] und *Andora* [121 F4] Ausflugsschiffe, um die Wale und Delphine zu sichten. *Dauer 5 Std. | 29,50 Euro, 13–18 Jahre 25 Euro, 4–12 Jahre 16 Euro, bis 3 Jahre frei | www.whalewatch.it*

■ RIVIERA DI LEVANTE

BERGWERK
MINIERA DI GAMBATESA [125 E5]

Ein spannender Ausflug 18 km oberhalb von Lavagna beim Dorf Graveglia: Auf Lorenzügen geht es hinein in den Berg durch das weitläufige Stollennetz dieser im 20. Jh. größten Manganmine Italiens. Mit Mangan verfeinert man Stahl und braucht es zur Herstellung von Elektroden. *Mi bis So Führungen zwischen 9 und 17 Uhr, auf Anfrage (Tel. 01 85 33 88 76) auch auf Deutsch | 11 Euro, Kinder 3–12 Jahre 8 Euro | www.miniera gambatesa.it*

PALÄONTOLOGISCHES MUSEUM IN LERICI [127 E5]

In der restaurierten Burg von Lerici am Golf von La Spezia kann man im Museo Paleontologico uralte Fossilienabdrücke und neue Dinosaurierimitationen bestaunen. Nicht nur für Kinder besonders aufregend ist die Erdbebensimulationsplatte, auf der man sich so richtig durchzittern lässt. *Mitte Okt.–Mitte März Di–So 10.30 bis 12.30, Sa/So auch 14.30–17.30 Uhr, Mitte März–Juni und Sept. bis Mitte Okt. Di–So 10.30–13 und 14.30 bis 18, Juli/Aug. Di–So 10.30–12.30 und 18.30–24 Uhr | 5 Euro, 5–12 Jahre 3 Euro, sala sismica (Erdbebensimulation) 1,50 Euro | www.castellodi lerici.it*

GENUA

ACQUARIO ⭐ [U C3]

In dem berühmten Aquarium im Alten Hafen leben allein 6000 Tierarten aus Meer und Küstenbereich. „Stars" sind die Haie, die Lieblinge sind die Delphine und die Pinguine. Jährlich kommen 1,5 Mio. Besucher! Von den Einnahmen wird viel investiert in den Wissenschafts- und Tierschutzbereich, der als beispielhaft gilt, mit Forschungsprojekten und Umweltaktionen. Auch kommen ständig Attraktionen aus der Tierwelt hinzu, die neueste Errungenschaft ist ein artgerechtes Terrarium mit Schildkröten aus Madagaskar. *Mo–Fr 9.30–19.30,*

Im kinderfreundlichen Italien sind die *bambini* kleine Könige

Sa/So 9.30–20.30, Juli/Aug. tgl. 9.30 bis 23 Uhr | 15 Euro, 4–12 Jahre 9 Euro | Porto Antico, Ponte Spinola | www.acquario.ge.it

NATURKUNDEMUSEUM G. DORIA [U F5] Insider Tipp

Zwar ein altmodisches Sammlermuseum, doch mit ziemlich aufregenden Beispielen, was es an Lebewesen so alles gibt, z. B. den Beelzebubaffen, Vampire und fliegende Eichhörnchen. *Museo di Storia Naturale G. Doria | Di–Fr 9–19, Sa/So 10–19 Uhr | 4 Euro, Kinder 6–14 Jahre 2,50 Euro | www.museodoria.it*

> VON ANREISE BIS ZOLL

Urlaub von Anfang bis Ende: die wichtigsten Adressen und
Informationen für Ihre Ligurienreise

▮ ANREISE ▮

AUTO

Der Weg nach Ligurien führt durch die Schweiz über die Gotthardautobahn nach Mailand und von dort weiter Richtung Genua (durchgängig Autobahn) oder durch Österreich über den Brenner nach Verona und von dort auf die Autobahn Brescia–Piacenza–Genua bzw. La Spezia. Die Autobahnen in Italien sind ebenso wie die in Österreich und der Schweiz mautpflichtig. In Italien zahlt man an den Mautstellen bar oder mit den gängigen Kreditkarten.

Autozüge *(Tel. 018 05 24 12 24 | www.dbautozug.de)* gibt es von mehreren deutschen Städten nach Alessandria 80 km nördlich von Genua und nach Verona.

BAHN

Mit dem Zug fahren Sie entweder über die Schweiz auf der Gotthard-Mailand-Strecke und von Mailand weiter nach Genua oder München–Brenner–Verona und von dort über Brescia nach Genua.

Von Genua aus verkehren Züge in westlicher und östlicher Richtung entlang der ligurischen Küste tagsüber nahezu im Stundentakt und machen die Bahn so zum idealen und preiswerten Fortbewegungsmittel im Küstenbereich der ligurischen Riviera.

PRAKTISCHE HINWEISE

FLUGZEUG

Genuas Flughafen Cristoforo Colombo wird mehrmals täglich aus Deutschland angeflogen, meist mit Zwischenstopp in Frankfurt bzw. Mailand. Low-Cost-Gesellschaften fliegen teils direkt nach Genua *(www.tuifly.com, www.airdolomiti.it)*, teils nach Pisa *(www.ryanair.com)*.

AUSKUNFT

FREMDENVERKEHRSBÜRO ENIT

– Neue Mainzer Str. 26 | 60311 Frankfurt | Tel. 069/23 74 34 | Fax 23 28 94
– Kärntnerring 4 | 1010 Wien | Tel. 01/505 16 39 | Fax 505 02 48
– Uraniastr. 32 | 8001 Zürich | Tel. 043/466 40 40 | Fax 466 40 41
– www.enit.de

AGENZIA REGIONALE PER LA PROMOZIONE TURISTICA „IN LIGURIA"

Palazzo Ducale | Piazza Matteotti 9 | 16123 Genova | Tel. 01 05 30 82 01 | Fax 01 05 95 85 07 | www.turismoin liguria.it

AUTO

Vorgeschrieben sind Führerschein und Fahrzeugschein, empfohlen wird die grüne Versicherungskarte. Auch tagsüber ist außerorts das Fahren mit Abblendlicht vorgeschrieben. Die Höchstgeschwindigkeit in geschlossenen Ortschaften beträgt 50, außerorts 90, auf Schnellstraßen 110 und auf Autobahnen 130 km/h. Pflicht ist das Mitführen einer Warnweste für alle Wageninsassen. Die Promillegrenze liegt bei 0,5.

Nur bei den Tankstellen an den Autobahnen gibt es einen 24-Stunden-Service. Viele Zapfsäulen an wichtigen Knotenpunkten sind außerhalb der Kernarbeitszeiten (Mit-

WAS KOSTET WIE VIEL?

KAFFEE	**1,25–1,50 EURO** in der Stehbar für eine Tasse Cappuccino
EIS	**1,50 EURO** für eine Kugel Eis
WEIN	**3–5 EURO** für ein Glas am Tresen
IMBISS	**AB 2,50 EURO** für ein Stück *focaccia*
BENZIN	**UM 1,35 EURO** für 1 l Super bleifrei
STRAND	**15–25 EURO** Miete für Schirm und Liege

tagspause: 12.30–15.30 Uhr) nur mit Tankautomaten zu bedienen. Auch wer zu Hause mit Normalbenzin auskommt, sollte in Italien wegen der niedrigeren Oktanzahl Super tanken.

Vor allem in den Innenstädten und in den Badeorten ist die Parkplatznot groß. Den Parkschein zieht man entweder aus Automaten oder kauft ihn in Zeitungskiosken und *tabacchi*-Läden (Rubbelschein). Viele Ortszentren sind für den Verkehr ganz gesperrt, und in vielen Innenstädten gelten an Smog- und Sonntagen unterschiedlich gestaffelte Fahrverbote.

BAHN

An Liguriens Küste ist das Bahnfahren reizvoll und preiswert. Den Fahrplan *(orario generale)* erhält man an Zeitungskiosken oder (auch auf Englisch) im Internet: *www.trenitalia. com.* Die Züge zwischen Ventimiglia und Genua sowie zwischen Genua und La Spezia fahren ungefähr im Stundentakt. Die Fahrkarte muss vor Fahrtantritt an den Automaten auf dem Bahnhof entwertet werden!

DIPLOMATISCHE VERTRETUNGEN

DEUTSCHES HONORARKONSULAT

Genua | Ponte Morosini 41/1 | Tel. 01 02 71 59 69 | Fax 01 02 71 59 66

ÖSTERREICHISCHES HONORARKONSULAT

Genua | Via Assarotti 5 | Tel./Fax 01 08 39 39 83

SCHWEIZER HONORARKONSULAT

Genua | Piazza Brignole 3 | Tel. 010 54 54 11 | Fax 010 54 54 12 40

FOTOGRAFIEREN

Filmmaterial ist in Italien meist teurer, Sie sollten es daher am besten schon zu Hause kaufen.

GESUNDHEIT

Apotheken *(farmacia)* sind in Italien meistens Mo–Fr 9–12.30 und 15.30 bis 19 Uhr, Sa nur vormittags geöffnet. In der übrigen Zeit gibt es in allen größeren Orten einen Bereitschaftsdienst. Das Honorarkonsulat in Genua hat Adressenlisten von deutschsprachigen Ärzten. Fragen Sie bei Ihrer Krankenkasse nach der neuen Europäischen Versicherungskarte EHIC, die Sie in Italien im Krankenhaus bzw. dem örtlichen Gesundheitsamt ASL *(Azienda Sanitaria Locale)* vorlegen. Ein Tipp: Die Notfallambulanz *(Pronto Soccorso)* hilft in der Regel schnell, gut und unbürokratisch.

INTERNET

Die offizielle touristische Website der Region Ligurien ist *www.turismoinliguria.it, www.blumenriviera. de* die Website einer deutschen Vermittlungsagentur von Ferienwohnungen in Ligurien, dazu viele Infos zu Sport, Essen, Kultur. Vom ligurischen Tourismusbüro ist *www.rivieradeifiori.org* zur Blumenriviera, einige der Broschüren zum Runterladen auch auf Deutsch, Infos zur Palmenküste von Bordighera in der Provinz von Savona finden Sie auf *www.inforiviera.it. www.aptgenova. eu* ist die offizielle touristische Website zu Genua mit einigen guten PDF-Broschüren zu Genua und Umgebung auf Deutsch oder Englisch. Die offizielle touristische Website zum Golfo di Tigullio von Portofino und Santa Margherita Ligure und deren Hinterland ist *www.apttigullio.li guria.it,* die zur Cinque-Terre-Küste, mit PDF-Broschüren auf Deutsch, *www.aptcinqueterre.sp.it. www.golfo deipoeti.com* bietet viele Infos zu Unterkunft, Restaurants, Ausflügen ins Hinterland vom Golf von La Spezia mit Lerici und Portovenere. *www.*

PRAKTISCHE HINWEISE

discoveritalia.com beschreibt touristisch interessante Städte und Gebiete in Italien, www.italien.com informiert über Unterkünfte und Sehenswürdigkeiten und versammelt allgemein Tipps zu Ferien in Italien. Zwei gut lesbare Websites zum Wetter in Italien sind www.ilmeteo.it und www.meteo.it. Genuaspezifische Infos finden Sie auf www.hotelsgenova.it und www.irolli.it.

■ INTERNETCAFÉS & WLAN ■

Auch in Ligurien haben viele Hotels heute zumindest im Bar-, Rezeptions- und Loungebereich drahtlosen Internetzugang (ital.: wifi), teils gratis, teils mit einem Passwort, das man an der Rezeption kauft. An den norditalienischen Autobahnen haben eine Reihe von Raststätten WLAN (www.linkem.com), auch hier über ein an der Kasse erhältliches Passwort (6,50 Euro/Std.). Genua hat große Pläne für ein flächendeckendes Gratisnetz (Genova Città Digitale oder Rete Wireless Colombo), davon werden bald auch Touristen profitieren können. Schon heute ist der Gratiszugang vielerorts über die Fon Community möglich, die in Genuas Innenstadt sehr stark vertreten ist (wifi.gratis.it/hotspot_liguria.html); auch mit www.jiwire.com finden sich zahlreiche Hotspots in ganz Ligurien. Internetcafés finden Sie ebenfalls in ganz Ligurien (Surfstunde zwischen 3 und 6 Euro).

■ MIETWAGEN ■

In Genua finden Sie am Flughafen die großen Autovermietungen. Avis und Hertz haben auch Niederlassungen in der Innenstadt in der Nähe des Bahnhofs Brignole. Der Wochentarif für einen Kleinwagen beträgt meist etwa 360 Euro, tageweise Buchung ist teurer. Fragen Sie nach Ferientarifen! Häufig ist eine Buchung vor der Reise übers Reisebüro günstiger.

■ NOTRUF ■

Polizei 113
Feuerwehr (Vigili del Fuoco) 115
Notarzt, Rettungswagen 118
Pannenhilfe des ACI (Automobile Club Italiano) 80 31 16

■ ÖFFNUNGSZEITEN ■

Lebensmittelgeschäfte sind in Ligurien werktags meist von 8.30 bis 13 und von 17 bis 19.30 Uhr geöffnet, alle anderen Läden, Supermärkte und Warenhäuser öffnen von 8.30 oder 9 bis 12.30 oder 13 und von 15.30 oder 16 bis 19.30 oder 20 Uhr. An einem Nachmittag in der Woche sind alle Geschäfte geschlossen. In den Badeorten bleiben die Geschäfte und Boutiquen in der Hochsaison oft bis spätabends offen. Kirchen sind meist tgl. 8–18 Uhr geöffnet, aber über Mittag häufig geschlossen.

■ POST ■

Die italienischen Postämter haben normalerweise Mo–Fr von 8.15 bis 13.20, Sa bis 12.20 Uhr (einige Hauptpostämter ganztägig) geöffnet. Briefmarken gibt es auch in Tabakläden. Briefe und Postkarten in EU-Länder und die Schweiz brauchen mit der obligatorischen posta prioritaria Marken zu 65 Cent.

■ REISEZEIT & KLIMA ■

Im Hochsommer kann es sehr heiß und schwül sein, auch ist das die

Hauptferienzeit der Italiener, die Küstenorte platzen dann aus allen Nähten. Ideale Reisezeiten sind Frühjahr, Früh- und Spätsommer. Der Herbst kann recht regnerisch sein. Die Lage der Riviera im Schutz des Apenninbogens begünstigt milde Winter, sodass man durchaus im Januar in leichter Jacke seinen Campari im Straßencafé trinken kann – 12 bis 15 Grad sind da keine Seltenheit. Dennoch schließen an der Küste eine ganze Reihe Ferienhotels und Restaurants in den Wintermonaten, aber viele der in diesem Band empfohlenen Restaurants und Hotels sind auch ganzjährig geöffnet.

STRÄNDE

Die Wasserqualität längs der Küste Liguriens – die Riviera di Ponente überwiegend mit Sandstränden, die Riviera di Levante eher steinig – ist sehr zufriedenstellend. Natürlich empfiehlt es sich nie, in Hafengewässern oder an Flussmündungen zu baden. Von den Blauen Flaggen der Europäischen Union für schöne und gepflegte Strände mit guter Wasserqualität hat Ligurien im Vergleich zu anderen Küstenregionen Italiens besonders viele zugeteilt bekommen: *www.feeitalia.org.*

TAXI

Versuchen Sie in jedem Fall vor Beginn der Fahrt nach dem ungefähren Fahrpreis zu fragen. Achten Sie darauf, dass der Taxifahrer den Taxameter einschaltet.

TELEFON & HANDY

Telefonieren können Sie in Zellen (mit Telefonkarten, perforierte Ecke vor Benutzung abreißen!) und in vielen Bars. Telefonkarten bekommt man in Tabakläden. Innerhalb Italiens gibt es keine Vorwahlen, daher

WETTER IN GENUA

Jan.	Feb.	März	April	Mai	Juni	Juli	Aug.	Sept.	Okt.	Nov.	Dez.
10	12	14	18	21	25	27	28	25	20	15	12

Tagestemperaturen in °C

Jan.	Feb.	März	April	Mai	Juni	Juli	Aug.	Sept.	Okt.	Nov.	Dez.
6	6	9	12	15	19	22	22	19	15	11	7

Nachttemperaturen in °C

Jan.	Feb.	März	April	Mai	Juni	Juli	Aug.	Sept.	Okt.	Nov.	Dez.
4	4	5	6	7	8	10	9	7	6	4	4

Sonnenschein Std./Tag

Jan.	Feb.	März	April	Mai	Juni	Juli	Aug.	Sept.	Okt.	Nov.	Dez.
7	7	7	7	8	5	3	4	6	9	10	8

Niederschlag Tage/Monat

Jan.	Feb.	März	April	Mai	Juni	Juli	Aug.	Sept.	Okt.	Nov.	Dez.
13	12	13	14	16	20	23	23	21	19	16	14

Wassertemperaturen in °C

PRAKTISCHE HINWEISE

müssen Sie auch bei Anrufen aus dem Ausland immer die Null am Beginn der Nummer mitwählen. Vorwahlen: Italien *0039*, Deutschland *0049*, Österreich *0043*, Schweiz *0041*

Unter *www.teltarif.de/i/reise-itm. html* finden Sie alle Informationen, die es Ihnen ermöglichen, außerhalb des allgemein gültigen EU-Tarifs noch preiswerter in Italien mit dem Handy zu telefonieren, ob über Prepaidkarten bei Ihrem Netzbetreiber noch vor Reiseantritt oder ob über italienische Prepaidkarten, bei denen Sie die Kosten eingehender Anrufe sparen und für die Sie eine neue Rufnummer bekommen. Außerdem bieten viele Netzbetreiber vor der Reisezeit eine ganze Reihe an Sonderpaketen fürs Telefonieren, für den SMS-Versand und den Internetzugang an.

TRINKGELD

In Hotels ist Trinkgeld nur üblich für Zimmermädchen. In Restaurants wird manchmal ein Zuschlag von zehn bis 15 Prozent erhoben, das muss aber auf der Karte als *servizio* ausgewiesen sein. Freundliche Kellner freuen sich über ein zusätzliches Trinkgeld (ca. fünf Prozent), wenn Sie zufrieden waren.

UNTERKUNFT

Platzmangel und enge, gewundene Straßen machen aus der Riviera nicht gerade ein Camperparadies. Dennoch gibt es weit über 100 Plätze, von denen einige auch ganzjährig geöffnet sind. Drei Websites zum Thema: *www.campeggitalia.com*, *www.camping.it/germany/liguria*, *www.camping-italy.net*

Ferien auf dem Bauernhof im Landesinnern sind immer angesagter, Infos dazu auf *www.agriturismoinliguria.it* oder *www.liguria-agriturismo. com*. In den Cinque Terre werden zahlreiche Privatzimmer vermietet. In Genua breiten sich B-&-B-Angebote aus: *www.bbitalia.com*, *www. bed-and-breakfast-italien.com*, *www. bbplanet.it*

Mit Ferienwohnungen ist Ligurien sehr reichhaltig ausgestattet. Adressenlisten bekommt man in den Fremdenverkehrsämtern. Gute Sites im Internet sind z. B. *www.ligurien-ferienwohnung.de*, *www.fewo-direkt.de*, *www.fewo-ligurien.com* und *www. sommerfrische.it*. An Hotels gibt es von der Familienpension bis zur Luxusherberge alles. Die Preise steigen im Juli/August steil an, außerdem muss man dann oft mindestens Halbpension buchen. Jugendherbergen gibt es in Chiavari, Finale, Savona, den Cinque Terre und Genua. Infos im Internet: *www.ostellionline.org*

ZEITUNGEN

In den Küstenorten wird eine große Auswahl an deutschsprachigen Zeitungen und Zeitschriften angeboten. Eine deutschsprachige Monatszeitschrift mit Reportagen, Veranstaltungskalender etc. ist die *Riviera-Côted'Azur-Zeitung (www.rczeitung.com)*.

ZOLL

In der EU dürfen Waren für den persönlichen Bedarf frei ein- und ausgeführt werden, u. a. 800 Zigaretten, 10 l Spirituosen, 90 l Wein. Bei Einreise in oder Durchreise durch die Schweiz: 200 Zigaretten, 1 l Spirituosen und 2 l Wein.

> PARLI ITALIANO?

„Sprichst du Italienisch?" Dieser Sprachführer hilft Ihnen,
die wichtigsten Wörter und Sätze auf Italienisch zu sagen

Aussprache

Zur Erleichterung der Aussprache:

c, cc	vor „e, i" wie deutsches „tsch" in deutsch, Bsp.: die**ci**, sonst wie „k"
ch, cch	wie deutsches „k", Bsp.: pa**cch**i, **ch**e
ci, ce	wie deutsches „tsch", Bsp.: **ci**ao, **ci**occolata
g, gg	vor „e, i" wie deutsches „dsch" in Dschungel, Bsp.: **g**ente
gl	ungefähr wie in „Familie", Bsp.: fi**gl**io
gn	wie in „Kognak", Bsp.: ba**gn**o
sc	vor „e, i" wie deutsches „sch", Bsp.: u**sc**ita
sch	wie in „Skala", Bsp.: I**sch**ia
sci	vor „a, o, u" wie deutsches „sch", Bsp.: la**sci**are
z	immer stimmhaft wie „ds"

Ein Akzent steht im Italienischen nur, wenn die letzte Silbe betont wird. In den
übrigen Fällen haben wir die Betonung durch einen Punkt unter dem betonten Vokal
angegeben.

■ AUF EINEN BLICK

Ja./Nein./Vielleicht.	Sì./No./Forse.
Bitte./Danke./Vielen Dank!	Per favore./Grazie./Tante grazie.
Gern geschehen.	Non c'è di che!
Entschuldigen Sie!	Scusi!
Wie bitte?	Prego?/Come, scusi?/Come dice?
Ich verstehe Sie/dich nicht.	Non La/ti capisco.
Ich spreche nur wenig …	Parlo solo un po' di …
Können Sie mir bitte helfen?	Mi può aiutare, per favore?
Ich möchte …	Vorrei …
Das gefällt mir (nicht).	(Non) mi piace.
Haben Sie …?	Ha …?
Wie viel kostet es?	Quanto costa?
Wie viel Uhr ist es?	Che ore sono?/Che ora è?

■ KENNENLERNEN

Guten Morgen!/Tag!	Buon giorno!
Guten Abend!	Buona sera!
Gute Nacht!	Buona notte!
Hallo!/Grüß dich!	Ciao!
Wie geht es Ihnen/dir?	Come sta?/Come stai?

> www.marcopolo.de/ligurien

Danke. Und Ihnen/dir?	Bene, grazie. E Lei/tu?
Auf Wiedersehen!	Arrivederci!
Tschüss!	Ciao!
Bis bald!	A presto!
Bis morgen!	A domani!

▰UNTERWEGS▰

AUSKUNFT

links/rechts	a sinistra/a destra
geradeaus	diritto
nah/weit	vicino/lontano
Wie weit ist das?	Quanti chilometri sono?
Ich möchte … mieten.	Vorrei noleggiare …
… ein Auto	… una macchina.
… ein Fahrrad	… una bicicletta.
… ein Boot	… una barca.
Bitte, wo ist …	Scusi, dov'è …
… der (Haupt-)Bahnhof?	… la stazione (centrale)?
… der Hafen?	… il porto?
… die Haltestelle?	… la fermata?
… der Anleger?	… l'imbarcadero?

PANNE

Ich habe eine Panne.	Ho un guasto.
Würden Sie mir einen Abschleppwagen schicken?	Mi potrebbe mandare un carro-attrezzi?
Gibt es hier in der Nähe eine Werkstatt?	Scusi, c'è un'officina qui vicino?

TANKSTELLE

Wo ist bitte die nächste Tankstelle?	Dov'è la prossima stazione di servizio, per favore?
Ich möchte … Liter …	Vorrei … litri di …
… Super./… Diesel.	… super./… gasolio.
Voll tanken, bitte.	Il pieno, per favore.

UNFALL

Hilfe!	Aiuto!
Achtung!/Vorsicht!	Attenzione!
Rufen Sie bitte schnell …	Chiami subito …

... einen Krankenwagen. ... un'autoambulanza.
... die Polizei. ... la polizia.
... die Feuerwehr. ... i vigili del fuoco.
Haben Sie Verbandszeug? Ha materiale di pronto soccorso?
Es war meine/Ihre Schuld. È stata colpa mia/Sua.

ESSEN/UNTERHALTUNG

Wo gibt es hier ... Scusi, mi potrebbe indicare ...
   ... ein gutes Restaurant?   ... un buon ristorante?
   ... ein typisches Restaurant?   ... un locale tipico?
Gibt es in der Nähe eine Eisdiele? C'è una gelateria qui vicino?
Reservieren Sie uns bitte Può riservarci per stasera un
für heute Abend einen tavolo per quattro persone?
Tisch für vier Personen.
Auf Ihr Wohl! (Alla Sua) salute!
Bezahlen, bitte. Il conto, per favore.
Hat es geschmeckt? Andava bene?
Haben Sie einen Ha un programma delle
Veranstaltungskalender? manifestazioni?

EINKAUFEN

Wo finde ich ... Dove posso trovare ...
   ... eine Apotheke?   ... una farmacia?
   ... eine Bäckerei?   ... un panificio?
   ... ein Fotogeschäft?   ... un negozio di articoli
         fotografici?
   ... ein Kaufhaus?   ... un grande magazzino?
   ... ein Lebensmittelgeschäft?   ... un negozio di generi
         alimentari?
   ... den Markt?   ... il mercato?
   ... einen Supermarkt?   ... un supermercato?
   ... einen Tabakladen?   ... un tabaccaio?
   ... einen Zeitungshändler?   ... un giornalaio?

ÜBERNACHTEN

Können Sie mir bitte ... Scusi, potrebbe
empfehlen? consigliarmi ...
   ... ein Hotel...   ... un albergo?
   ... eine Pension...   ... una pensione?
Ich habe bei Ihnen ein Ho prenotato
Zimmer reserviert. una camera.
Haben Sie noch ... È libera ...
   ... ein Einzelzimmer?   ... una singola?
   ... ein Zweibettzimmer?   ... una doppia?

SPRACHFÜHRER

… mit Dusche/Bad? … con doccia/bagno?
… für eine Nacht? … per una notte?
… für eine Woche? … per una settimana?
… mit Blick aufs Meer? … con vista sul mare?
Was kostet das Zimmer … Quanto costa la camera …
… mit Frühstück? … con la prima colazione?
… mit Halbpension? … a mezza pensione?

PRAKTISCHE INFORMATIONEN

ARZT

Können Sie mir einen Mi può consigliare un
guten Arzt empfehlen? buon medico?
Ich habe Durchfall Ho la diarrea.
Ich habe … Ho …
… Fieber. … la febbre.
… Kopfschmerzen. … mal di testa.
… Zahnschmerzen. … mal di denti.

POST

Was kostet … Quanto costa …
… ein Brief … … una lettera …
… eine Postkarte … … una cartolina …
… nach Deutschland? … per la Germania?

ZAHLEN

0	zero	19	diciannove
1	uno	20	venti
2	due	21	ventuno
3	tre	30	trenta
4	quattro	40	quaranta
5	cinque	50	cinquanta
6	sei	60	sessanta
7	sette	70	settanta
8	otto	80	ottanta
9	nove	90	novanta
10	dieci	100	cento
11	undici	101	centouno
12	dodici	200	duecento
13	tredici	1000	mille
14	quattordici	2000	duemila
15	quindici	10000	diecimila
16	sedici		
17	diciassette	1/2	un mezzo
18	diciotto	1/4	un quarto

> Die Seiteneinteilung für den Reiseatlas finden Sie auf dem hinteren Umschlag dieses Reiseführers.

Mit freundlicher Unterstützung von

REISEATLAS
LIGURIEN

buchen sie gleich:

→ in ihrem reisebüro
→ unter www.holidayautos.de
→ telefonisch unter 0180 5 17 91 91
　(14 ct/min aus dem deutschen festnetz)

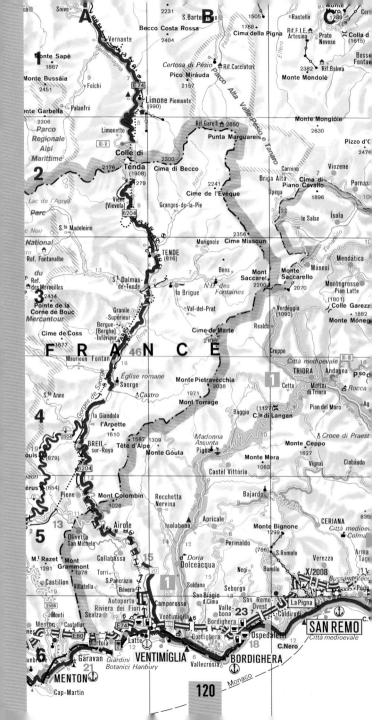

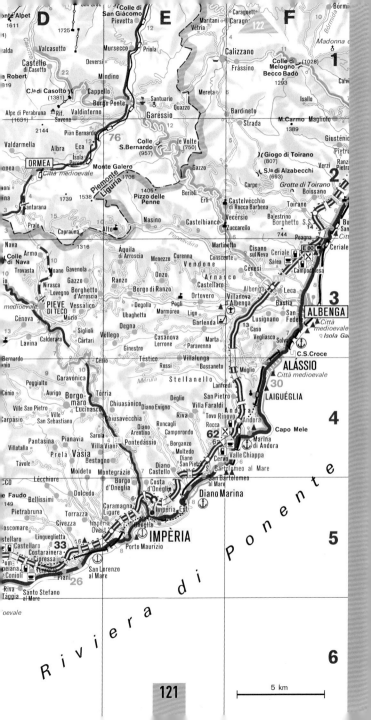

5 km

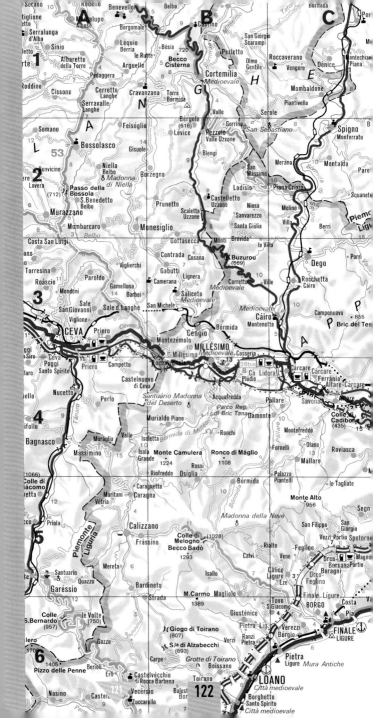

5 km

GÉNOVA

Golfo di Génova

MARE LIGURE

5 km

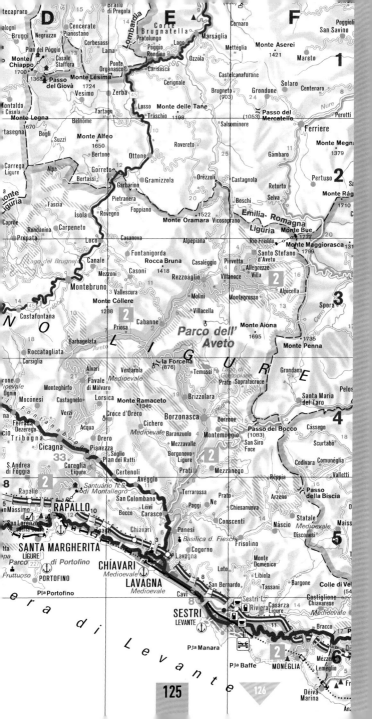

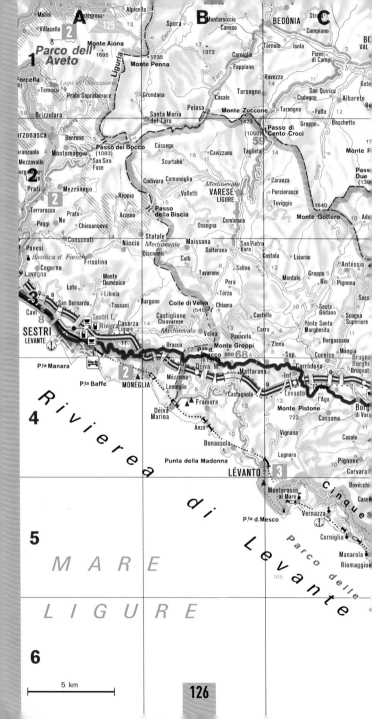

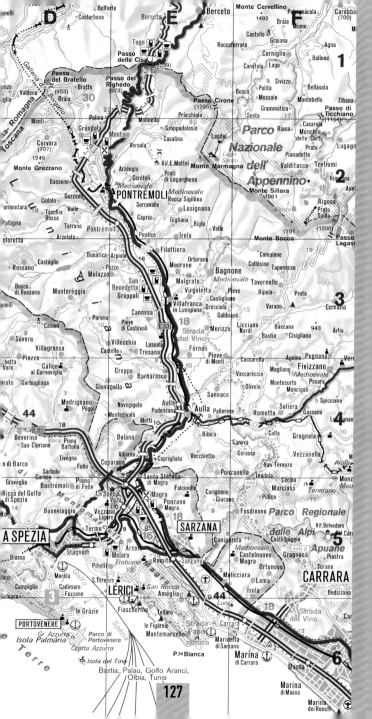

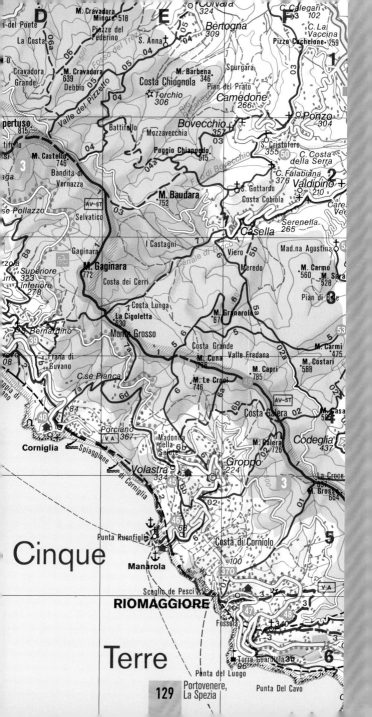

KARTENLEGENDE

Autobahn mit Anschlussstelle - Mautstelle		Motorway with junction - Toll
Autobahn in Bau - geplant	Datum/Date	Motorway under construction - projected
Tankstelle - Rasthaus - mit Motel	La Macchia	Filling station - Restaurant - with motel
Vierspurige Straße - in Bau		Road with four lanes - under construction
National- oder Staatsstraße - in Bau		Trunk road - under construction
Wichtige Hauptstraße - in Bau		Important main road - under construction
Hauptstraße - Nebenstraße		Main road - Secondary road
Fahrweg - Fußweg		Practicable road - Footpath
Passstraße mit Wintersperre - Steigung	X-IV 10%	Mountain pass closed in winter - Gradient
Für Wohnwagen nicht empfehlenswert - gesperrt		Not suitable for caravans - closed
Gebührenpflichtige Straße - Für Kfz gesperrt	X X X	Toll road - Road closed for motor traffic
Hauptbahn mit Bahnhof - Nebenbahn		Main railway with station - Other railway
Eisenbahn (Güterverkehr) - Autoverladung		Railway (freight haulage) - Railway ferry for cars
Zahnradbahn - Seilbahn - Sessellift		Rack-railway - Cable lift - Chair lift
Autofähre - Schifffahrtslinie		Car ferry - Shipping route
Flughafen - Regionalflughafen - - Flugplatz - Segelflugplatz		Airport - Regional airport - - Airfield - Gliding field
Besonders sehenswerter Ort	GÉNOVA	Place of particular interest
Besondere Natursehenswürdigkeit	Grotta d. Vento	Natural object of particular interest
Sonstige Sehenswürdigkeit	★ Cittadella	Other objects of interest
Landschaftlich schöne Strecke		Scenic road
Touristenstraße	Camino de Santiago	Tourist route
Nationalpark, Naturpark - Aussichtspunkt		National park, nature park - Viewpoint
Botanischer Garten, sehenswerter Park - - Zoologischer Garten		Botanical gardens, interesting park - - Zoological garden
Burg, Schloss für Besucher zugänglich - Ruine		Castle open to public - Ruin
Sonstige Burg, Schloss - Kirche - Kloster - Ruinen		Other castle - Church - Monastery - Ruins
Turm - Funk- oder Fernsehturm	1	Tower - Radio- or TV tower
Denkmal - Leuchtturm		Monument - Lighthouse
Golfplatz - Jachthafen		Golf-course - Marina
Hotel, Motel, Gasthaus - Berghütte - Feriendorf		hotel, motel, inn - Mountain hut - Tourist colony
Campingplatz - Jugendherberge		Camping - Youth hostel
Strandbad - Schwimmbad - Heilbad		Bathing place - Swimming pool - Spa
Staatsgrenze		State boundary
Grenzkontrollstelle international - - mit Beschränkung	⊖ ○	International check-point - - Check-point with restrictions
Verwaltungsgrenze - Sperrgebiet		Administrative boundary - Restricted area
Ausflüge & Touren		Excursions & tours

Im Register sind alle in diesem Reiseführer erwähnten Orte und Ausflugsziele verzeichnet. Halbfette Seitenzahlen verweisen auf den Haupteintrag, kursive auf ein Foto.

> SCHREIBEN SIE UNS!

Liebe Leserin, lieber Leser,

wir setzen alles daran, Ihnen möglichst aktuelle Informationen mit auf die Reise zu geben. Dennoch schleichen sich manchmal Fehler ein – trotz gründlicher Recherche unserer Autoren/innen. Sie haben sicherlich Verständnis, dass der Verlag dafür keine Haftung übernehmen kann.

Wir freuen uns aber, wenn Sie uns schreiben.

Senden Sie Ihre Post an die
MARCO POLO Redaktion,
MAIRDUMONT, Postfach 31 51,
73751 Ostfildern,
info@marcopolo.de

IMPRESSUM

Titelbild: Portovenere (Laif: Amme)
Fotos: Ateliers Jean Nouvel (15 o.); BEAUTIFUL LOSER: Agostino Catanzano (14 M.); Bonsai Film di Christiano Palozzi (15 u.); B. Dürr (135); H. Eid (U. l., 8/9, 19, 22/23, 24/25, 26, 28/29, 35, 46, 55, 67, 84, 88, 96); fotolia.com: bacalao (13 u.); R. Freyer (U. M., U. r., 2 l., 4 l., 5, 11, 28, 30/31, 32, 37, 38, 41, 45, 49, 52, 56, 78, 107); HB Verlag (22); J. Holz (59, 69); © iStockphoto.com: CapturedNuance (99 M. l.), Ruud Hofland (99 o. l.), javarman3 (99 M. r.), Sheldon Kralstein (13 o.), Andrew Manley (14 o.), TIM MCCAIG (98 o. l.), Charlotte Owen (98 u. l.), pederk (98 M. r.), Armando Tura (98 M. l.); G. Jung (50/51, 65, 80); M. Kirchgessner (27, 118/119); Laif: Amme (1, 6/7), Celentano (61, 62, 70, 87), Eid (23, 82/83), Galli (72/73), Kohlbecher (3 l.), Zanettini (2 r., 3 M., 29, 77, 103); Nuova Set s. r. l.: Jacopo Riccamboni (12 u.); Diemut Pernice (12 o.); Polvere di Stelle: Fulvia Ficara (14 u.); O. Stadler (3 r.); T. Stankiewicz (4 r., 16/17, 42, 91, 92/93, 95); H. Wagner (21, 100/101, 104/105); T. P. Widmann (74); Karl Ziegler Journeys: Elena Pedron (99 u. r.)

4. (11.), aktualisierte Auflage 2008

© MAIRDUMONT GmbH & Co. KG, Ostfildern
Verlegerin: Stephanie Mair-Huydts; Chefredaktion: Michaela Lienemann, Marion Zorn
Autorin: Bettina Dürr; Redaktion: Nikolai Michaelis
Programmbetreuung: Cornelia Bernhart, Jens Bey; Bildredaktion: Gabriele Forst
Szene/24h: wunder media, München
Kartografie Reiseatlas: © MAIRDUMONT, Ostfildern
Innengestaltung: Zum goldenen Hirschen, Hamburg; Titel/S. 1–3: Factor Product, München
Sprachführer: in Zusammenarbeit mit Ernst Klett Sprachen GmbH, Stuttgart, Redaktion PONS Wörterbücher

FÜR IHRE NÄCHSTE REISE
gibt es folgende MARCO POLO Titel:

Bettina Dürr pendelt seit zwei Jahrzehnten zwischen Italien und Deutschland und hat mehrere MARCO POLO Reiseführer geschrieben.

Wie sind Sie nach Ligurien gekommen?

Ich bin in den Achtzigerjahren mit einem Stipendium nach Bologna gekommen, um hier italienische Geschichte zu studieren. Italien hat mich seither nicht mehr losgelassen, immer wieder reise ich durch das Land, wobei eine meiner Lieblingsgegenden Ligurien ist.

Was reizt Sie an Ligurien?

Immer wenn ich mich durch die Berge des Apennins der Riviera nähere, rieche ich, wie sich die Luft verändert, wie sie immer stärker nach Meer und Pinien duftet und etwas Spritzig-Aromatisches bekommt. Das kündigt eine andere Welt an, voller Zauber dank einer atemraubend schönen Natur zwischen Meer und Bergen. Apropos Berge: Man denkt bei der Riviera vor allem an hübsche Badeorte, dabei habe ich hier einige meiner schönsten Bergwanderungen unternommen. Und dann Genua: Hier könnte ich mir vorstellen zu leben, eine tolle Lage am Meer, zum Hineinschauen und zum Hinausschauen, frisch, lebbar, dabei nicht überrestauriert, nicht global geglättet und nach wie vor angenehm untouristisch.

Und was gefällt Ihnen nicht so?

Die Riviera hat etwas Elegantes, Mondänes und zugleich Anmutiges, doch plötzlich steht man vor einem Stück scheußlicher Zersiedelung oder begegnet touristischem Nepp oder sehr schlechter Laune – Dinge, die einen hier mehr schockieren als anderswo, so als dürften sie hier nicht passieren, in einer Gegend, die dem Paradies so nahekommt. Und da wird es einem plötzlich sehr eng.

Was machen Sie beruflich?

Ich schreibe Reiseführer über Italien und arbeite mit an kulinarischen Sachbüchern. Hin und wieder übersetze ich Kinder- und Jugendliteratur aus dem Italienischen und organisiere für kleine Gruppen Kurzreisen zu ausgewählten Themen.

Kommen Sie viel in Ligurien herum?

Da ich eine sehr gute Freundin in Genua habe, nehme ich jede Gelegenheit wahr, sie zu besuchen und mit ihr durch die Stadt zu streifen. Mit ihrem Motorroller fahren wir an die Ponente oder an die Levante, oft auf die Halbinsel von Portofino zum Wandern – ein Idyll aus Meer, herrlicher Natur und zauberhaften Villen.

Mögen Sie die ligurische Küche?

Kaum vorstellbar, dass jemand diese Küche nicht mag. An Liguriens Klassiker, den *trofie*-Nudeln mit im Mörser zerstoßenem Pesto aus frischem Basilikum, werde ich mich nie satt essen.

> BLOSS NICHT!

Auch in Ligurien gibt es Dinge, mit denen Sie anecken können

Diebe „einladen"

Ligurien ist eine recht sichere Gegend, wenn man die üblichen Vorsichtsmaßnahmen ergreift: das einsam geparkte Auto leer räumen, Wertsachen im Hotelsafe deponieren, auf Handtasche und Fotoapparat besonders gut aufpassen.

Überall rauchen

An öffentlichen Orten wie Restaurants, Hotels, Bars oder in Zügen ist das Rauchen verboten – und die Italiener halten sich daran!

Fälschungen kaufen

Beim Kauf von gefälschten Markenprodukten, etwa vom Straßen- oder Strandhändler, riskiert auch der Käufer hohe Bußgelder – einen Touristenbonus gibt es nicht!

Zimmer an der Bahntrasse

Beim Buchen Ihrer Unterkunft sollten Sie versuchen, Zimmer außer Hörweite der stark befahrenen Bahntrasse zu buchen, die so gut wie alle Rivieraorte durchzieht.

Ohne Schuhe im Wald und auf Klippen

Im Hinterland laden wunderbare Wälder zum Spazierengehen ein. Dabei sollten Sie feste Schuhe tragen, denn der Weg ist oft genug voll spitzer Felsen, auch kann man kleinen Schlangen begegnen. Für die Badeplätze auf Klippen und Kieseln empfehlen sich Plastiksandalen, auch als Schutz vor Seeigeln an Felsen unter Wasser.

Im Pulk durch die Cinque Terre

Wenn Sie in die Cinque Terre für einen Tagesausflug fahren wollen, vermeiden Sie möglichst die Wochenenden von Ostern bis September, denn da wird es voll, und selbst gelassene Gemüter können die Schönheiten der Dörfer und der Natur nicht mehr entspannt genießen.

Einfach Platz nehmen

Im Restaurant und selbst in der Pizzeria steuert man nicht gleich auf einen Tisch zu, sondern lässt sich vom Ober einen empfehlen. Natürlich kann man, einmal in Kontakt, einen Wunsch äußern.

Bei Algenalarm baden

In den letzten Jahren ist ab und zu eine giftige Algenart in den Gewässern südlich von Genua aufgetaucht. Die Strandwärter geben Alarm, den man beachten sollte, denn die Berührung kann Fieber und Kopfschmerzen verursachen.

Preise unterschätzen

Sie tun gut daran, sich bei bestimmten Dingen vorher nach dem Preis zu erkundigen: etwa vor einer Taxifahrt, bei der Bestellung des Hotelzimmers oder vor Inanspruchnahme einer Werkstatt. Oder bei Fisch, dessen Preis auf der Karte häufig pro 100 g *(etto)* angegeben ist.